El Libro de los Millones

¿Cómo funciona este libro?
Amigos lectores:

Ahora será más fácil tener su número de la suerte. Todos los posibles sueños que Ud. pueda tener se encuentran en orden alfabético. Luego de encontrar la palabra clave en su sueño en una situación imprevista que le señale un presagio, comience a buscar como si fuera un diccionario y le aparecerán los números que corresponda a esa palabra específica.

¡¡¡Ahora más fácil!!!

¿De dónde salieron estos números?

Recopilación y análisis de muchas charadas y su comprobación en personas ganadoras.

Casi siempre los que ganan el número experimentan algo inusual que lo induce a comprar el billete que conecta a la persona con un evento que hayan tenido.
(Sueños, noticias buenas y nefastas, historias extrañas, etc.).
El misterio radica en la palabra que encuentra al número. En el evento que usted viva o experimente debe haber un objeto, persona, cosa o algo que sea el hilo conductor de la situación. Ese hilo conductor tiene nombre (auto, casa, muerto, fantasma, electricidad, edificio,

carretera, presidente, una letra alfabética, etc.) y alrededor del mismo gira todo.

Pues aquí están las más acertadas palabras que son base del hilo conductor de cualquier situación.

¡A GANAR MILLONES!

En este libro hay dos listados con más de 3000 palabras cada uno en orden alfabético para su fácil localización.

1. Para la lotería de cinco cifras. (loterías de España, México, Argentina y otros países)
2. De dos cifras para armar los números de la lotería de varias cifras como un rompecabezas o puzle.
3. Los números familiares aparecen en el **ANEXO I.***

* Al final, en el **ANEXO I** encontrará los números familiares. Que son la atracción numérica que ejercen los números de dos cifras sobre los que pueden salir después. Siempre andan juntos por eso los llaman **Números Familiares**. Esto agiliza descifrar un número a partir de un sueño como si fuera un puzle (Rompecabezas).

Ojo (cada letra lleva su propio número, pues se han dado casos de que sueñan con letras de alfabeto en diferentes situaciones.

¡ANÍMESE!
QUE USTED PUEDE TENER LOS MILLONES

Nota:
Este libro es para mayores de 18 años. Contiene lenguaje de adultos. El lenguaje ha sido descrito de la manera menos grosera.

El contenido de este libro no se hace responsable de nada. Es solo una herramienta para que usted pueda discernir los números que intenta encontrar para su uso personal.

Dedicado mi amigo cuyo nombre no quiere ser rebelado. Es un jugador espectacular y un suertudo.

LISTADO DE SUEÑOS EN ORDEN ALFABÉTICO
No. I

A   67640

Ábaco: 20163
Abad o abadesa: 79351
Abadía: 68554
Abanderado: 16209
Abandono: 66458
Abanico: 43636
Abatimiento: 5808
Abdicar: 482
Abdomen: 17072
Abecedario: 58190
Abedul: 77958
Abeja: 57160
Abejón: 71955
Abejorro: 83768
Abertura: 14709
Abeto: 6407
Abismo: 27536
Abjurar: 78231
Ablandamiento: 5224
Abluciones: 35192
Abogado: 87565
Abono: 65237

Abordar:	31013
Aborto:	62564
Abrazar:	85189
Abrevadero:	50926
Abrigo:	30605
Absceso:	21412
Absceso:	77075
Absolución:	67263
Abstinencia:	62160
Absurdo:	83405
Abuelos:	64640
Abundancia:	2445
Aburrirse:	19482
Acacia:	60741
Academia:	44602
Acantilado:	71918
Acaparamiento:	75932
Acariciar:	34872
Accidente:	85558
Acechar:	21540
Acedera:	65893
Aceite:	21638
Aceitunas:	71618
Acelerador:	72626
Acelga:	20420
Acento:	33959

Acequia:	70243
Acera:	27955
Acero:	25184
Achaques:	15157
Achicoria:	29188
Acicalarse:	25184
Ácidos:	36545
Aclamar:	7348
Aclarar:	8588
Acoger:	47642
Acolchado:	70686
Acomodador:	73517
Acompañar:	45146
Acontecimientos:	51689
Acoplar:	4631
Acordeón:	33792
Acostarse:	62697
Acreditar:	78511
Acreedor:	54248
Acrimonia:	48402
Acróbata:	28361
Actores:	88721
Acuarela:	13650
Acuario:	8216
Acueducto:	69119
Acuerdo:	27890

Acumular: 72686
Acusar: 8003
Adán y Eva: 76453
Adelantarse: 40356
Adelgazar: 12041
Adiós: 83351
Adivinar: 81559
Adjudicación: 16212
Administración: 57829
Admirar: 88365
Adolescente: 65112
Adoptar: 7711
Adorar: 58542
Adormecerse: 10639
Adormidera: 41399
Adornos: 68457
Adquisición: 39272
Aduana: 53235
Adular: 23227
Adulterio: 52569
Adversario: 3479
Adversidad: 23499
Aeropuerto: 80996
Afectación: 75006
Afecto: 80710
Afeitar: 46705

Afilar: 53440
Afinar: 2345
Aflicción: 83802
Afluencia: 12071
Afonía: 83720
Afrenta: 5246
Ágata: 41311
Agenda: 26372
Agente: 50541
Agitación: 68659
Agonía: 30975
Agotamiento: 39663
Agradecimiento: 32994
Agresión: 48417
Agretes: 85803
Agricultura: 81841
Agrio: 26346
Agua: 76644
Aguacate: 50824
Aguacero: 4672
Aguardiente: 51752
Águila: 46676
Aguinaldo: 2880
Agujas: 36816
Agujerear: 81795
Agujero: 79262

Ahijado/a:	32061
Ahogado:	6839
Ahorcado:	70892
Aire:	15091
Ajedrez:	29278
Ajo:	39699
Ajuar:	48542
Alabanzas:	11741
Alacena:	3819
Alambique:	31367
Alambre:	3197
Alameda:	26596
Álamo:	17870
Alarma:	61697
Alas:	31986
Alba:	34791
Albacea:	9155
Albahaca:	39842
Albañil:	65806
Albaricoque:	65455
Albatros:	51524
Albayalde:	49171
Albergue:	73462
Albino:	65426
Albóndigas:	53685
Albornoz:	2679

Alboroto: 56110
Álbum: 75163
Albura: 87809
Alcachofa: 89674
Alcalde: 63597
Alcancía: 87653
Alcantarilla: 77573
Alcanzar: 8476
Alcaparras: 43738
Alcázar: 23424
Alce: 75619
Alcohol: 54577
Alcornoque: 8086
Aldea: 56145
Alegato: 4484
Alegría: 84185
Alelí: 33800
Alentar: 69032
Alergia: 57793
Alerta: 72479
Aleta: 78399
Alfabeto: 63302
Alfalfa: 31201
Alfiler: 14879
Alfombra: 39053
Alforfón: 6982

Alforjas:	27859
Álgebra:	87169
Algodón:	33278
Alianza:	46122
Alienado:	66029
Aliento:	17648
Alimentos:	18586
Alma:	55130
Almacén:	9447
Almadía:	86133
Almena:	89987
Almendras:	12018
Almiar:	6634
Almíbar:	13005
Almidón:	74782
Almirante:	64353
Almizcle:	22235
Almohada:	83566
Almorzar:	89095
Alojarse:	51065
Alondra:	7610
Alpes:	39173
Alpinista:	14990
Alquilar:	24736
Alquimista:	69690
Alquitrán:	75175

Altar: 41183
Altavoz: 4823
Alteración: 12456
Altercado: 45674
Altivez: 13543
Altura: 42643
Alumbre: 16154
Alumnos: 45513
Aluviones: 18972
Ama (Señorita): 87133
Amamanta 420
Amanecer: 12708
Amante: 67336
Amapola: 18635
Amar: 9743
Amaranto: 70494
Amargura: 38362
Amarillo: 72272
Amasar: 75412
Amatista: 67836
Amazona: 34062
Ámbar: 9834
Ambarina: 71799
Ambición: 79788
Ambrosía: 12700
Ambulancia: 10041

Amenazas: 85346
Ametralladora: 15029
Amianto: 20533
Amigos: 8297
Amnistía: 85200
Amolador: 32477
Amoniaco: 22407
Amor: 78505
Amoríos: 29540
Amortajar: 12953
Ampolla: 89669
Amputación: 20331
Analfabeto: 72261
Análisis: 52521
Ananá: 18173
Anaqueles: 23697
Anaranjado: 85559
Anarquista: 31732
Anchoas: 74593
Ancianos: 7401
Ancla: 84703
Andamio: 53055
Andrajos: 68477
Anécdota: 47048
Anémona: 68692
Anfiteatro: 25078

Ánfora: 45441
Ángel: 88013
Ángelus: 36138
Anginas: 78141
Anguila: 7686
Angustia: 22151
Anillo: 16901
Animal: 40382
Anís: 62802
Aniversario: 56665
Ano: 1002
Anotar: 57674
Ansiedad: 75750
Antecámara: 49799
Antena: 80132
Anteojos: 11818
Antepasados: 56276
Antesala: 21710
Anticuado: 89173
Anticuario: 39740
Antigüedades: 35503
Antílope: 6632
Antorcha: 15152
Antro: 85658
Anular: 35484
Anuncios: 83604

Anzuelo: 44132
Año: 49106
Apagar: 41598
Aparador: 17266
Aparcamiento: 62086
Aparición: 43168
Apartamento: 5102
Aperitivo: 68047
Apetito: 61353
Apicultor: 6812
Apio: 73883
Aplanar: 57812
Aplastar: 46486
Aplausos: 38269
Aplicación: 24925
Aplomo: 63559
Apoplejía: 14753
Aporrear: 84331
Apósito: 45525
Apóstol: 32120
Apoyo: 21459
Aprender: 80903
Aprendiz: 5220
Aprensión: 64111
Apreturas: 6795
Aprietos: 72695

Aprisionar: 47438
Apuesta: 42458
Arado: 20051
Araña: 43847
Arañar: 38437
Arar: 77223
Arbitraje: 12416
Arbitrario: 9259
Arbitro: 69149
Árbol: 46153
Arcabuz: 46548
Arcadas: 60873
Arce: 23716
Archivo: 86533
Arcilla: 47743
Arco iris: 84224
Arco: 82815
Ardilla: 75528
Ardor: 62205
Arena: 28598
Arenque: 80985
Argolla: 57180
Árido: 70257
Aristócrata: 83843
Aritmética: 27339
Arlequín: 66382

Arma: 20483
Armadura: 79496
Armario: 88561
Armazón: 62455
Armiño: 79124
Armisticio: 85404
Armónica: 19233
Aro: 82410
Aromas: 41975
Arpa: 59229
Arpía: 77519
Arpillera: 14186
Arpón: 51641
Arquero: 52815
Arquitecto: 61118
Arrancar: 24132
Arrastrar: 10529
Arrebato: 4668
Arrecife: 22064
Arrellanarse: 79289
Arrendajo: 62764
Arrendar: 77841
Arrendatario: 17748
Arreos: 34365
Arrepentirse: 46349
Arresto: 29647

Arriate: 51360
Arriendo: 37233
Arrodillarse: 33862
Arroyo: 4313
Arroz: 83862
Arrozal: 78532
Arrugar: 38391
Arrugas: 22199
Arsenal: 41448
Arsénico: 58766
Artesa: 56427
Artesano: 85339
Articulación: 26432
Artificial: 72213
Artista: 2999
Arzobispo: 46098
As: 83957
Asa: 25565
Asador: 38040
Asalto: 6864
Asamblea: 14588
Ascender: 38075
Ascensor: 56013
Asco: 2100
Asear: 22863
Asediar: 67731

Asegurar:	62333
Asesinar:	67252
Asfalto:	43281
Asfixia:	58707
Asidero:	62275
Asiento:	83004
Asignar:	13273
Asilo:	84068
Asistencia:	55449
Asistenta:	7510
Asistir:	59180
Asma:	25410
Asno:	40376
Asociación:	32973
Aspas:	56225
Áspero:	49390
Aspersión:	12674
Áspid:	81399
Aspiradora:	68212
Astilla:	33768
Astro:	25322
Astrólogo:	23934
Astronauta:	43086
Astronomía:	8417
Asustar:	49135
Atacar:	83044

Atajo:	21131
Atalaya:	67842
Atar:	89217
Atasco:	27434
Ataúd:	59330
Atenta do:	60722
Aterrizaje:	66998
Atizador:	12489
Atlas:	81884
Atleta:	65393
Atolladero:	72182
Atraco:	58010
Atravesar:	54634
Atril:	4120
Atropello:	38139
Atún:	86441
Aturdimiento:	20813
Audacia:	56159
Audiencia:	7836
Auditorio:	72316
Aula:	88158
Aullido:	5708
Aumento:	19815
Aurora:	76426
Ausencia:	81452
Autobús:	656

Autógrafo:	57891
Autómata:	11489
Automóvil:	68742
Autopsia:	89166
Autor:	2089
Autoridad:	65226
Auto-stop:	61181
Avalancha:	90004
Avaro:	78521
Ave:	43341
Avellanas:	63023
Avena:	47250
Avenida:	48300
Aventura:	72852
Averías:	7256
Avestruz:	58258
Avidez:	24216
Avión:	44587
Avispas:	26270
Axilas:	12813
Ayuda:	45240
Ayuno:	51121
Ayuntamiento:	28975
Azabache:	61194
Azada:	67183
Azafrán:	42021

Azalea:	60576
Azúcar:	36415
Azufre:	1184
Azul:	28484
Azulejo:	24853
Azur:	79970

B 34752

Babear:	1932
Babero:	42949
Babosa:	26668
Babuchas:	54232
Bacalao:	7955
Bacanal:	74133
Bacantes:	4890
Bacará:	36082
Badajo:	24892
Bagaje:	37020
Bagatela:	89448
Baile:	11358
Bajar:	50018
Balada:	75422
Balanzas:	930
Balar:	31526
Balaustrada:	58314
Balcón:	23862
Baldaquino:	14608
Baldío:	28440
Baldosa:	34815
Ballena:	41424

Ballesta:	36766
Ballet:	59225
Balneario:	20004
Balón:	82647
Balsa:	11566
Balsamina:	55033
Bálsamo:	71119
Bambú:	71584
Banana:	51582
Banca:	82152
Bancarrota:	41252
Banco:	35391
Banda:	72780
Bandera:	37126
Banderilla:	33630
Banderín:	80107
Bandidos:	87770
Banjo:	71778
Banquero:	38633
Banquete:	73143
Bañador:	47766
Baño:	37765
Bar:	12268
Baranda:	83987
Baratija:	31035
Baratillo:	21677

Barba:	26021
Barca/o:	24325
Barcaza:	87645
Bargueño:	37808
Barómetro:	52754
Barquero:	19885
Barraca:	84143
Barranco:	32455
Barrendero:	53594
Barreño:	39379
Barrer:	57133
Barrera:	28996
Barricada:	2279
Barriga:	69910
Barril:	44658
Barro:	5567
Báscula:	66017
Bastardo:	61448
Bastión:	10369
Bastón:	19140
Basura:	69595
Basurero:	54319
Bata:	49166
Batalla:	87073
Batir:	3924
Batirse:	34707

Baúl: 46506
Bautismo: 26703
Bayas: 18963
Bayoneta: 48608
Bazar: 67349
Beata: 81863
Bebé: 70870
Beber: 27944
Becada (Ave): 39550
Beduino: 42267
Belleza: 7572
Bellotas: 13645
Bendecir: 25001
Benefactor: 83972
Beneficio: 37832
Berenjena: 18009
Berros: 73666
Besar: 25108
Bestia/as: 27484
Betún: 51614
Biberón: 3425
Biblia: 78685
Biblioteca: 36115
Bicicleta: 11332
Bienes: 47285
Bifurcación: 52054

Bigamia:	68228
Bigote:	26279
Bilingüe:	15970
Bilis:	43993
Billar:	20084
Billete:	7706
Billetero:	60291
Binar:	54712
Biombo:	79572
Birrete:	7807
Bisonte:	19901
Bisturí:	32812
Bizco:	15103
Bizcocho:	70362
Blanco:	58719
Blancura:	72652
Blanquear:	44506
Blasfemia:	40817
Blasón:	8152
Bloc:	59519
Blonda:	35221
Blusa:	42345
Boa:	57646
Boca:	35795
Bocadillo:	12339
Bocina:	9178

Boda:	64044
Bodega:	38443
Bofetada:	45576
Bogavante:	57570
Bohemio:	12506
Boina:	26790
Boj:	56990
Bolo:	38915
Bolsa:	13536
Bolsillos:	87712
Bolso:	60795
Bomba:	1838
Bomberos:	80261
Bombilla:	5297
Bombo:	48950
Bombón:	18862
Bombona:	65249
Bombonera:	21538
Boñiga:	77673
Boomerang:	57372
Boquerones:	63788
Bordar:	78275
Borrachera:	85962
Borrar:	33686
Bosque:	28343
Bostezo:	12236

Botas:	84176
Bote:	22079
Botella:	50315
Botín:	31803
Botones:	52289
Bóveda:	64239
Boxeador:	48512
Bozal:	82920
Bramido:	1929
Brasa:	2510
Brazalete:	64334
Brazos:	63556
Breviario:	22534
Brezo:	80970
Bridas:	19265
Brincar:	87690
Brindis:	15290
Brisa:	4563
Brocha:	24339
Broche:	88599
Broma:	4210
Bronce:	68178
Bronceado:	18175
Brote:	31177
Brujo/a:	20973
Brújula:	22467

Bruma:	51398
Brutalidad:	26219
Bucle:	900
Buey:	20710
Búfalo:	1884
Bufanda:	16367
Bufón:	4556
Buhardilla:	21357
Búho:	68381
Buhonero:	33577
Buitre:	57987
Bulevar:	59046
Bulldog:	16800
Bulto:	81918
Burbujas:	27532
Buril:	46625
Burlas:	63214
Buscar:	65981
Busto:	48224
Buzo:	33067

C   59341

Cábala:	6750
Cabalgar:	84936
Cabalgata:	89
Caballa (Pez):	42792
Caballeriza:	191
Caballero:	13741
Caballete:	67469
Caballito de mar:	28847
Caballo:	88610
Cabaña:	81214
Cabaret:	56205
Cabellos:	26292
Cabestro:	24189
Cabeza:	76747
Cable:	23375
Cabo:	21108
Cabra:	37430
Cabrestante:	4940
Cabrito:	44427
Cabrón:	68179
Cacerola:	54792
Cachalote:	31026

Cachemira:	74982
Cactus:	20300
Cadalso:	28913
Cadáver:	19545
Cadenas:	65277
Caderas:	58132
Caer:	62188
Café:	84858
Cafetería:	62618
Caja:	85590
Cajero:	19499
Cajón:	16847
Cal:	63779
Calabacín:	1124
Calabaza:	27258
Calabozo:	11933
Calafatear:	85638
Calambre:	17207
Calandria:	18561
Calcar:	89412
Calcetines:	89676
Calculadora:	56975
Cálculos:	28505
Calderero:	28563
Caldero:	53979
Caldo:	74028

Calefacción:	14907
Calefactor:	45011
Calendario:	19985
Calesa:	84337
Calientapiés:	46733
Cáliz:	60958
Calle:	40010
Callejón:	28717
Callos:	6112
Calma:	68530
Calor:	14280
Calumnia:	26544
Calvicie:	37868
Calvo:	48258
Calzada:	49552
Calzado:	88400
Calzón:	12388
Cama:	72696
Camaleón:	33632
Camarada:	88648
Camarero/a:	18656
Camastro:	22564
Cambalachear:	41261
Cambio:	81062
Camelia:	31390
Camello:	28474

Camilla: 8618
Camino: 51048
Camión: 46011
Camisa: 80374
Campamento: 29719
Campana: 64368
Campanario: 31381
Campanilla: 55272
Campeón: 2611
Campesino: 83246
Camping: 56178
Campiña: 77531
Campo: 15001
Canal de Agua: 25627
Canalla: 84208
Canario: 61535
Canasta: 89632
Canastilla: 38249
Cáncer: 55803
Canciller: 75522
Candado: 74212
Candelabro: 1296
Candidato: 43906
Candil: 17588
Cangrejo: 31782
Canguro: 11423

Caníbal:	73315
Caniche:	15105
Canoa:	53843
Cansancio:	56980
Cantar:	68264
Cántaro:	64028
Cantera:	27508
Caña:	70660
Cañón:	3200
Caoba:	81160
Capa:	63345
Capilla:	20070
Capitán:	75479
Capitular:	20393
Capucha:	83271
Capullo:	61609
Caqui:	9202
Cara:	77022
Caracol:	76605
Caravana:	20059
Carbón:	66702
Cárcel:	58512
Cardenal:	9347
Cardo:	72374
Careta:	4637
Carga:	73178

Cargo: 6592
Caricatura: 11348
Caricias: 68358
Caridad: 63061
Caries: 58291
Carnaval: 1743
Carne: 87948
Carnero: 65804
Carnicería: 38110
Carnicero: 83057
Carpa: 70884
Carpintero: 78353
Carraca: 55631
Carrera: 66994
Carreta: 30382
Carretera: 35875
Carrillón: 3658
Carro: 25416
Carroña: 72326
Carroza: 63240
Carruaje: 12043
Carta: 80934
Cartas: 44678
Cartel: 75056
Cartera: 24644
Cartero: 3089

Cartomántico: 51160
Cartón: 14200
Cartucho: 17402
Casa: 52694
Casamata: 3771
Casca nuez: 20983
Cascabel: 63365
Cascada: 6221
Cáscara: 53837
Casco: 64968
Caserío: 8904
Casino: 11149
Castaños: 60038
Castañuelas: 61760
Castigo: 29980
Castillo: 50288
Castor: 77720
Castrar: 71630
Cataclismo: 23861
Catacumba: 70276
Catafalco: 31503
Catálogo: 44732
Catapulta: 28166
Catastro: 37351
Catástrofe: 73002
Catecismo: 74482

Catedral:	77168
Caucho:	63431
Cavar:	88470
Caviar:	20060
Cayado:	70541
Caza:	20545
Cebada:	65001
Cebar:	76177
Cebo:	82072
Cebollas:	84262
Cebra:	59298
Cedro:	76756
Cejas:	37325
Celda:	86326
Célebre:	3711
Celos:	34605
Celular:	79140
Cementerio:	11550
Cemento:	46554
Cenador:	64720
Cenagal:	67849
Cena:	13437
Cenar:	35349
Cenicero:	33849
Cenit:	6830
Cenizas:	36392

Censurar:	64240
Centauro:	38440
Centella:	56443
Centeno:	46583
Céntimos:	25889
Centinela:	1495
Cepillo:	29071
Cera:	28989
Cerámica:	50339
Cerbatana:	64636
Cercado:	15156
Cerco:	86551
Cerda:	51786
Cerdo:	28640
Cereales:	84216
Cerebro:	42589
Cerezas:	62149
Cerillas:	33896
Cerradura:	1334
Cerrajero:	34568
Cerrar:	47972
Cerrojo:	61127
Cerveza:	49201
Césped:	4378
Cesta/o:	76767
Cetro:	32741

Chabola:	43737
Chacal:	83973
Chal:	37076
Chalán:	61204
Chalana:	40957
Chaleco:	68123
Chalupa:	71808
Chamarilero:	64583
Champán:	20147
Champiñón:	64345
Chantaje:	53095
Chapa:	2221
Chapotear:	72384
Charlatán:	38651
Cheque:	5527
Chimenea:	41682
Chimpancé:	59959
Chinche:	1604
Chinchilla:	55463
Chirrido:	27623
Chismes:	164
Chispas:	24367
Chiste:	2525
Chivo:	89046
Chocar:	33194
Chocolate:	51401

Chopo:	53816
Chorro:	18074
Choza:	62987
Chucrut:	81516
Chupar:	1428
Cianuro:	82781
Cicatrices:	74599
Ciclamen:	20160
Cicuta:	9867
Ciego:	89338
Cielo:	66281
Ciénaga:	83097
Ciervo/a:	22794
Cifras:	20389
Cigarra:	72821
Cigarro:	49924
Cigüeña:	48792
Cima:	50105
Címbalos:	32335
Cimientos:	57583
Cinc:	75771
Cincel:	72829
Cine:	87622
Cinta:	23894
Cintas:	78589
Cinto:	8671

Cintura: 87015
Cinturón: 87503
Ciprés: 9265
Circo: 68050
Circulación: 19206
Círculo: 84840
Circuncisión: 4291
Circunferencia: 34725
Cirio (Vela): 63529
Ciruelas: 30438
Cirujano: 30268
Cisterna: 33593
Cita: 24602
Cítara: 9978
Ciudad: 72611
Claridad: 21369
Clarinete: 66211
Clasificar: 37080
Claustro: 30327
Clavecín: 18924
Clavel: 77758
Clavos: 49837
Clínica: 56409
Cloaca: 28999
Cloro: 4337
Cloroformo: 65323

Coagulación: 11288
Coartada: 13157
Cobardía: 58803
Cobayo: 72846
Cobra: 72699
Cobrar: 23753
Cobre: 18169
Cocaína: 60055
Cocer: 84390
Coche: 50267
Cocina: 20758
Cocinar: 73720
Cocodrilo: 77319
Cóctel: 80930
Codorniz: 21299
Codos: 2513
Cofre: 18648
Cohete: 18193
Cojín: 14324
Cojo/a: 1580
Col: 23934
Cola: 32528
Colada: 71563
Colador: 81582
Colcha: 5928
Colchón: 2498

Cólera: 59326
Colgar: 22181
Colibrí: 81898
Cólico: 69686
Colina: 53464
Colores: 84217
Coloso: 84769
Columna: 22937
Columpio: 33123
Coma: 62157
Comadreja: 18963
Comadreo: 79187
Comadrona: 27773
Combate: 61877
Combinación: 54953
Combustible: 59935
Comedia: 27529
Comer, comida: 39664
Comerciante: 32403
Cometa: 56313
Comezón: 24785
Cómica: 33514
Comisario: 58796
Cómoda: 54953
Comodidad: 3183
Compañero: 60341

Compás:	44016
Compasión:	35805
Competición:	40799
Cómplice:	60200
Compositor:	48633
Compostura:	7417
Comprar:	509
Compromiso:	31230
Comunión:	70330
Concha:	73095
Concierto:	51557
Concurso:	52076
Conde/sa:	10847
Condenar:	52000
Conducir:	26894
Conejera:	48079
Conejillo:	30900
Conejo:	82729
Conferencia:	23372
Confesar:	4383
Confesionario:	56895
Confidencia:	50692
Congelar:	42482
Congreso:	5767
Conjura:	78337
Conocido:	85175

Conocimiento: 35074
Consejos: 8352
Conservación: 63622
Conservas: 56083
Consolar: 31693
Conspirar: 31077
Constatar: 76989
Construir: 73464
Consuelo: 33584
Contabilidad: 20523
Contar: 58538
Contrabajo: 67687
Contratar: 30871
Contrato: 26837
Contusiones: 74474
Convalecencia: 66046
Convento: 78196
Convidados: 20871
Coñac: 35863
Coño: 24868
Copa: 87604
Copiar: 10099
Copón: 16049
Coral: 54571
Corazón: 43089
Corbata: 35987

Corcel: 22221
Corcho: 88609
Cordel: 37897
Cordero: 14766
Cordón: 16815
Cormorán: 57181
Corneja: 41550
Cornisa: 38117
Coro: 55700
Corola: 29124
Corona: 81961
Coronel: 23747
Corpulencia: 53671
Corral: 28317
Correa: 55522
Corredor: 34123
Correo: 71665
Correr: 19436
Correrse: 23493
Correspondencia: 29409
Corrida: 84130
Corsario: 11944
Corsé: 88410
Cortaplumas: 2342
Cortar: 74525
Cortejo: 21982

Cortesía:	57368
Corteza:	52384
Cortinas:	66746
Corzo:	61571
Cosecha:	32625
Coser:	8546
Cosquillas:	3475
Costurero:	27457
Cotorra:	50939
Covid-19:	39711
Coyote:	79114
Cráneo:	25156
Crecer:	29730
Credenciales:	49962
Crédito:	39978
Crema:	56270
Crepés:	63108
Crepúsculo:	65417
Criados:	42989
Crimen:	62009
Crin:	70868
Crinolina:	41475
Críquet:	66702
Crisantemo:	54501
Cristal:	41974
Crítica:	78367

Croar:	37830
Croissant:	15210
Cromado:	47687
Crónica:	63206
Cronometro:	55382
Croupier:	46107
Cruce:	5087
Crucero:	53859
Crucifijo:	52530
Crucigrama:	17732
Crujidos:	34316
Crustáceos:	44847
Cruz:	55748
Cruzar:	30573
Cuaderno:	27319
Cuadro:	40576
Cuaresma:	26581
Cuartel:	68414
Cuba de Vino:	77264
Cubeta:	75855
Cubiertos:	6909
Cubo:	57890
Cubrepiés:	20205
Cubrirse:	24944
Cucaña:	61852
Cucarachas:	69744

Cuchara: 65296
Cuchara: 37336
Cuchicheos: 85081
Cuchillo: 21566
Cuchillo: 85001
Cuco, cuclillo: 54384
Cuello: 79406
Cuentagotas: 89624
Cuento: 25718
Cuerda: 62342
Cuernos: 15354
Cuero: 58052
Cuerpo: 81219
Cuervo: 20845
Cuestionar: 60586
Cueva: 64669
Cuidar: 52390
Culata: 82224
Culebra: 62771
Culo: 27441
Culpable: 22203
Cultivar: 6409
Cumbre: 54945
Cumpleaños: 77218
Cumplidos: 73522
Cuna: 16957

Cuneta:	14876
Cuñada:	46091
Cuñado:	65319
Cupido:	69954
Cúpula:	69562
Cura:	70883
Curar:	64456
Curiosos:	19415
Curruca:	18005
Cúspide:	81539

D   9133

Dactilografía: 46860
Dado: 37479
Daga: 69883
Dalias: 75621
Daltonismo: 28186
Damas: 673
Damero: 3552
Danzar: 44172
Daño: 89498
Dardo: 64151
Dátiles: 51425
Debate: 31434
Debilidad: 8774
Debutar: 31577
Decapitar: 82050
Decepción: 73583
Decolorar: 39827
Dedal: 85150
Dedicatoria: 19787
Dedos: 25223
Defecar: 78548
Defenderse: 38078

Déficit:	19291
Deformidad:	2154
Degollar:	1817
Dehesa:	18752
Dejar:	1792
Delantal:	20112
Delfín:	41562
Delgadez:	300
Delincuente:	3280
Delirar:	79364
Demanda:	3099
Demencia:	62087
Demoler:	2812
Demonio:	33066
Dentífrico:	56282
Dentista:	48335
Denunciar:	22995
Depósito:	52189
Deriva:	77598
Derribar:	74362
Derrota:	10143
Derrumbar:	49988
Desabrochar:	59986
Desactivar:	60562
Desafío:	55536
Desalojar:	54196

Desamparo: 83159
Desaparición: 18905
Desarmar: 8326
Desarreglo: 68719
Desastre: 6929
Desatar: 5394
Desayuno: 50816
Descargar: 85194
Descarrilamiento: 6418
Descifrar: 6948
Desclavar: 23163
Descolgar: 72698
Desconcertar: 23336
Desconfianza: 19005
Descongelar: 41662
Desconocido: 25719
Descortesía: 50385
Descoser: 70316
Descuartizar: 8286
Descubrir: 249
Desdén: 46640
Desdentado: 46928
Desdicha: 9337
Desear: 48353
Desechar: 10374
Desecho: 15776

Desembalar: 6480
Desembarazarse: 33621
Desembarcar: 49198
Desembocadura: 48304
Desempleo: 48690
Desempolvar: 9928
Desenfreno: 48636
Desenmascarar: 71588
Desenterrar: 88628
Desertar: 78535
Desesperación: 53729
Desfigurar: 14795
Desfiladero: 43079
Desfile: 50263
Desfondar: 26128
Desgarrar: 87751
Desgracia: 29718
Desgranar: 76816
Desheredar: 21798
Deshielo: 28990
Deshollinador: 80033
Deshonestidad: 75677
Deshonor: 52886
Desierto: 42877
Desinfectar: 45918
Deslumbramiento: 24588

Desmayo: 29705
Desmentir: 43879
Desmoronamiento: 86370
Desnudo: 90026
Desobedecer: 46759
Desodorante: 10255
Desolación: 55207
Desolladura: 11536
Desorden: 51281
Despacho: 5301
Despecho: 69130
Despedazar: 82884
Despegue: 10848
Despeinarse: 76625
Desperdicios: 18674
Desperfectos: 79896
Despertar: 16282
Despido: 4821
Despilfarro: 25792
Desteñir: 48127
Desterrado: 35079
Destilería: 71382
Destornillador: 66107
Destrucción: 79293
Desván: 9626
Desvestir: 7601

Desvío:	9764
Detective:	89158
Detonación:	45010
Deudas:	27444
Devanar:	10266
Devorar:	31206
Día:	57353
Diablo:	81192
Diácono:	35087
Diadema:	88234
Diagnóstico:	27996
Dialecto:	30114
Diamante:	56998
Diario íntimo:	74632
Diarrea:	60392
Dibujo:	1086
Diccionario:	23872
Dientes:	25748
Difamación:	16284
Dificultades:	70382
Difunto:	12529
Diligencia:	49817
Diluvio:	67074
Dimisión:	21058
Dinamita:	15093
Dinero:	29228

Dintel:	43860
Dios:	75017
Diploma:	29054
Diplomático:	89349
Diputados:	80701
Dique:	17423
Dirección:	8405
Director:	76847
Dirigible:	84447
Disciplina:	5416
Discordia:	69869
Discos:	1050
Discurso:	59809
Discusiones:	23568
Disecar:	74732
Disfraz:	48637
Disgusto:	25885
Disimular:	16029
Disparo:	87639
Dispensario:	14359
Disputa:	48282
Distancia:	72798
Distinción:	34438
Diván:	72889
Diversión:	43411
Divisas:	45359

Divorcio:	10275
Doble:	30704
Doctor:	32673
Dólares:	15708
Dolores:	77329
Domar:	80966
Domesticar:	34621
Dominó:	64443
Donativo:	13413
Dorados:	59509
Dormir:	50066
Dormitorio:	61344
Dosel:	44293
Dote:	9729
Dragón:	13390
Droga:	4957
Droguería:	87546
Dromedario:	47013
Ducha:	59892
Duelo:	42555
Duende:	45418
Dunas:	24377
Dúo:	77395
Duplicado:	25202
Duque:	59571

E

Ebanista: 42105
Ebriedad: 59874
Echarpe: 44243
Eclipse: 68894
Eclosión: 48419
Eco: 48832
Economía: 56870
Edad: 24228
Edificar: 59146
Edificio: 75268
Editor: 48926
Edredón: 53374
Efigie: 45686
Ejecución: 67585
Ejército: 12542
Elástico: 59443
Elector: 37027
Electricidad: 64536
Elefante: 29664
Elevación: 53181
Embadurnar: 26861
Embajador: 70862

Embalar: 1492
Embalsamar: 40031
Embarazo: 47448
Embarcación: 8872
Embarcarse: 76261
Embargo: 3714
Embaucador: 6141
Emboscada: 69940
Embotellamiento: 3367
Embriaguez: 47399
Embrujar: 22916
Embudo: 89692
Embutido: 51191
Emigrar: 21598
Empalizada: 49585
Empantanarse: 77463
Emperador: 60950
Emperatriz: 25132
Empleo: 63804
Empresario: 7934
Empujar: 23751
Enanos: 54684
Encadenar: 64932
Encajes: 68620
Encallar: 69207
Encantamiento: 2258

Encarcelamiento: 83702
Encender: 27741
Encerado: 74384
Encerrar: 15204
Encías: 36471
Enciclopedia: 43989
Encina: 69884
Encolar: 66423
Encorvarse: 62756
Encrucijada: 11845
Encuadernación: 9375
Encubrir: 84552
Encuesta: 70045
Endibias: 48384
Enebro: 31931
Enemigos: 45714
Enfermedad: 2836
Enfermería: 45628
Enfermero/a: 83265
Engaño: 37935
Engordar: 56246
Engranajes: 83809
Engrudo: 46214
Enharinar: 79729
Enhebrar: 65071
Enigma: 66002

Enjabonarse: 41158
Enjambre: 6478
Enrollar: 19431
Ensalada: 46002
Ensartar: 36627
Enseñar: 67042
Entarimado: 53741
Enterrador: 27989
Enterrar: 18158
Entierro: 79431
Entrañas: 22235
Entrelazar: 62848
Entremeses: 81360
Entumecimiento: 51186
Envenenar: 1078
Envidiar: 9426
Envío: 12692
Envolver: 29301
Epidemia: 84273
Epígrafe: 17576
Epístola: 81381
Epitafio: 89314
Equipaje: 58746
Equitación: 4184
Era: 12357
Erizo: 48783

Ermitaño: 47600
Errar: 27362
Erupción: 21661
Escafandra: 22479
Escalar: 23778
Escalera: 59577
Escamas: 84123
Escándalo: 26108
Escapar: 84788
Escaparate: 40673
Escarabajo: 6388
Escarapela: 8154
Escarcha: 7792
Escarlatina: 32279
Escarola: 25352
Escayola: 56924
Escenario: 20911
Esclavina: 25762
Esclavo: 24595
Esclusa: 23334
Escoba: 81477
Escollera: 75719
Escollo: 37995
Esconder: 4432
Escorpión: 31582
Escorzonera: 56246

Escribir: 9557
Escuchar: 24392
Escudo: 77361
Escuela: 48343
Escultura: 28694
Escupir: 82203
Esencias: 35040
Esfinge: 55379
Esmalte: 42619
Esmeralda: 6902
Espada: 81639
Espalda: 19746
Espantapájaros: 58144
Espárragos: 72348
Espátula: 13684
Especias: 47002
Espectáculo: 44182
Espectro: 12212
Espejismo: 27068
Espejo: 80255
Esperanza: 52492
Esperar: 84589
Espetón: 44591
Espía: 67017
Espiga: 15330
Espina: 20867

Espinaca:	30786
Espino:	33138
Espiral:	22668
Espliego:	19277
Esponja:	17996
Esponsales:	24202
Espuelas:	45815
Espuma:	76259
Esqueleto:	80870
Esquí:	19078
Establo:	33191
Estaca:	86285
Estacada:	80780
Estación:	48330
Estafa:	10674
Estallar:	191
Estandarte:	64279
Estanque:	60045
Estantes:	61043
Estatua:	19489
Este:	61343
Estepa:	14884
Estera:	83764
Esteticista:	65724
Estiércol:	54643
Estómago:	51602

Estornudar: 44386
Estrado: 39866
Estragos: 57997
Estrangular: 6770
Estrechar: 79846
Estrellas: 29074
Estreñimiento: 88055
Estribos: 22229
Estuario: 63922
Estudio: 65310
Etiqueta: 45023
Evacuación: 1232
Evangelio: 25622
Evaporar: 53918
Evasión: 9859
Exagerar: 31758
Examen: 21384
Excrementos: 44049
Excursión: 653
Exequias: 81162
Exilio: 63075
Éxodo: 5825
Expedición: 71992
Expediente: 48472
Explorador: 495
Explosión: 11867

Exposición: 27379
Expulsión: 65730
Extranjero: 5255
Extraviar: 3442

F 8162

Fábrica: 38641
Fábula: 72039
Facción: 43732
Fachada: 19779
Facistol: 37497
Factor: 39903
Factura: 34685
Faisán: 39350
Falda: 1433
Fallecimiento: 52654
Falsificación: 85347
Familia: 70374
Fanfarrón: 26328
Fango: 62556
Fantasma: 83532
Faquir: 63565
Fardo: 34370
Farmacia: 72417
Faro: 24594
Fatiga: 68487
Fauno: 57694
Fealdad: 30226

Fecha:	52642
Felpa:	46139
Feria:	48808
Ferretería:	60177
Ferrocarril:	81949
Festín:	82381
Feto:	29642
Fiambre:	30859
Fianza:	12857
Fiebre:	53145
Fieras:	43070
Fiesta:	71454
Figuras:	14298
Fila:	84621
Filtro:	18257
Finca:	1058
Fingimiento:	25656
Firma:	56001
Firmamento:	87435
Fisonomía:	69384
Flaco:	26501
Flagelación:	57146
Flan:	27344
Flauta:	86444
Flecha:	7389
Flirtear:	7727

Flores:	53414
Flotador:	45719
Foca:	50821
Fogón:	4799
Follaje:	47896
Folletín:	39550
Fontanero:	60431
Forraje:	43085
Forro:	68606
Fortaleza:	69097
Fortuna:	65795
Fosa, foso:	73523
Fotografía:	30333
Frac:	16915
Fracasar:	36193
Fractura:	72026
Frambuesas:	5282
Frasco:	89698
Fraude:	12879
Freír:	26064
Frenar:	68878
Frente:	59535
Fresas:	65516
Frigidez:	71128
Frío:	61824
Frontera:	20212

Fruta:	10328
Fucsia:	16590
Fuego:	28980
Fuelle:	12200
Fuente:	9538
Fuerza:	22967
Fugitivo:	58448
Fumar:	7434
Fumador:	62246
Funámbulo:	62608
Funcionario:	53547
Fundir:	37418
Funerales:	77359
Funicular:	89830
Furia:	88952
Furor:	29236
Fusil:	3323
Fusilar:	78381
Fusta:	10476

G   63482

Gabán:	47223
Gabinete:	22511
Gacela:	6209
Gachas:	2005
Gafas:	88484
Gaita:	66172
Galantería:	11939
Galera:	26218
Galería:	56395
Galgo:	70088
Gallardete:	20726
Gallardete:	70061
Galleta:	88242
Gallina:	58889
Gallo:	64988
Galón:	59588
Galopar:	27822
Gamo:	74200
Gamuza:	85478
Ganado:	82142
Ganancia:	46573
Ganchillo:	87233

Ganso:	30288
Garabato:	49072
Garaje:	82309
Garduña:	12611
Garganta:	32927
Garita:	28028
Garlopa:	34788
Garra:	71746
Garrafa:	1314
Garrote:	77874
Garza:	44753
Gas:	44634
Gastos:	29024
Gato:	6442
Gavilán:	80036
Gavillas:	34491
Gaviota:	1794
Gaznate:	30650
Gelatina:	89410
Gemido:	84592
Genciana:	55085
General:	66004
Generosidad:	83709
Gente:	32001
Geranio:	34818
Germinar:	76998

Gesticular:	38471
Gigante:	9909
Gimnasia:	8879
Ginebra:	88256
Girasol:	560
Gitanos:	51832
Glaciar:	53696
Gladiador:	32455
Gladiolo:	46118
Glicina:	49998
Globo:	42485
Gloria:	41178
Glorieta:	34012
Glotón:	2868
Gnomo:	10413
Gobernanta:	69685
Gobierno:	39855
Goleador:	21075
Golf:	11074
Golfo:	87930
Golondrina:	25683
Golosinas:	73937
Golpes:	16121
Góndola:	41486
Gong:	70466
Gordura:	30024

Gorila:	29298
Gorjeos:	29180
Gorrión:	29107
Gorro:	48642
Gota:	3619
Goteras:	43053
Gozos:	24922
Grabado:	61153
Grabar:	37762
Gracia:	32669
Grado:	34310
Grama:	15200
Granada:	51546
Granero:	70133
Granito:	64297
Granizo:	29356
Granja:	41239
Grasa:	85641
Gratis:	9578
Grava:	22624
Greda:	61693
Gresca:	15405
Grieta:	57901
Grillo:	25216
Gris:	84256
Gris:	40111

Gritar:	54146
Grosella:	22014
Grúa:	65920
Grueso/a:	13707
Grulla:	82253
Grumo:	81686
Gruñir:	3870
Grupo:	25386
Gruta:	12085
Guadaña:	64200
Guantes:	69242
Guardarropa:	11290
Guardia:	31674
Guarida:	37094
Guarnición:	40289
Guata:	36589
Guateque:	47182
Guerra:	85452
Guía:	65000
Guijarros:	78640
Guillotina:	66925
Guindilla:	60097
Guiñol:	88563
Guirlache:	42957
Guirnalda:	80905
Guisantes:	45286

Guisar: 79056
Guitarra: 1907
Gula: 44326
Gusano: 72009

H 9923

Habas: 25472
Habichuelas: 31980
Habitación: 968
Habladurías: 75179
Hablar: 33456
Haces: 82555
Hacha: 41561
Hada: 22800
Halcón: 47927
Hallazgo: 50506
Hamaca: 40588
Hambre: 60143
Hámster: 36411
Harapos: 41182
Harén: 56986
Harina: 30468
Hatillo: 568
Haya: 87134
Hechicero/a: 14074
Hediondez: 65663
Helada: 67677
Helecho: 73695

Hélice: 32533
Hemorragia: 13162
Heno: 2992
Herbolario: 65936
Herencia: 76208
Herida: 20630
Hermanos: 58923
Herradura: 73514
Herramientas: 83940
Herrero: 14681
Hervir: 67491
Hidroavión: 42865
Hiedra: 52521
Hielo: 22998
Hiena: 46084
Hierba: 49588
Hierro: 63980
Hígado: 5290
Higos: 71176
Higuera: 88449
Hijos: 15709
Hilo: 70351
Himno: 78874
Hinchar: 2474
Hinojo: 31212
Hipnosis: 78882

Hipo:	64779
Hipocresía:	14225
Hipopótamo:	27131
Hipoteca:	64024
Historia:	65799
Hocico:	63006
Hogar:	60231
Hoguera:	43904
Hojas:	50638
Hollín:	4819
Hombre:	43112
Hombros:	42426
Homicidio:	79474
Homosexual:	47450
Honda:	86113
Honorarios:	83254
Honores:	19171
Hora:	78211
Horca:	51449
Hormigas:	52817
Hormigón:	41861
Horno:	61302
Horóscopo:	13450
Hortensia:	47779
Hospicio:	15577
Hospital:	29362

Hospitalidad: 80639
Hostia: 7694
Hotel: 31827
Hoyo: 36543
Hoz: 23460
Huelga: 52111
Huellas: 51493
Huérfano: 62651
Huerto: 23833
Huesos: 36390
Huevos: 43557
Huir: 88815
Hule: 23821
Humedad: 21729
Humillación: 54837
Humo: 4466
Hundir: 10314
Huracán: 55647
Hurgar: 65209
Hurtar: 16967
Húsar: 22752

I   **62337**

Ibis: 61655
Iceberg: 33982
Ídolo: 18680
Iglesia: 41313
Iguana: 32340
Iluminación: 84444
Imagen: 24892
Imán: 80214
Imberbe: 64355
Imitación: 208
Impaciencia: 80309
Impermeable: 44345
Importunar: 40574
Impotencia: 17253
Imprenta: 43879
Impuestos: 28803
Inauguración: 17453
Incendio: 85352
Incesto: 14023
Incienso: 31545
Inclinar: 43701
Indigencia: 14633

Indigestión: 39554
Industria: 81249
Infección: 76381
Infidelidad: 40309
Infierno: 89202
Inflación: 25649
Inflamación: 53115
Inflar: 50478
Informaciones: 80042
Infracción: 28911
Ingeniero: 70699
Ingenuidad: 83913
Ingratitud: 35023
Iniciales: 83356
Injurias: 10941
Injusticia: 11252
Inmigración: 1920
Inmovilidad: 20334
Inmueble: 72191
Inmundicias: 85918
Inocentada: 83441
Inscripción: 83256
Insectos: 17339
Inspección: 35396
Instalarse: 67962
Insultos: 63545

Interés:	87962
Intérprete:	8064
Interrogatorio:	30860
Intestinos:	34699
Inundación:	60924
Inválido:	25487
Invención:	21434
Inventario:	86847
Invernáculo:	37754
Invierno:	50929
Invisibilidad:	2520
Invitación:	52873
Inyección:	57317
Irrigación:	30654
Isla:	13226

J   63017

Jabalí:	52320
Jabón:	45510
Jacinto:	8015
Jaguar:	47491
Jamón:	1245
Jaqueca:	17984
Jarabe:	74200
Jardín:	63728
Jarra:	68923
Jarrón:	10205
Jaspe:	67256
Jazmín:	51057
Jefe:	56142
Jergón:	767
Jeringuilla:	57289
Jeroglífico:	34643
Jesuita:	61976
Jinete:	7719
Jirafa:	24066
Jofaina:	49755
Jorobado:	47302
Joyas:	48814

Jubilación:	36146
Judías:	86782
Juego:	4526
Juez:	20325
Junco:	50040
Jungla:	31392
Juramento:	14723
Justicia:	25865
Juventud:	23516

K 2578

Kayak: 80017
Knock-out: 35626

L 8900

Laberinto: 66513
Labios: 78074
Laboratorio: 59943
Labrador: 60807
Labrar: 52646
Lacayo: 70140
Ladrido: 60042
Ladrillo: 34539
Ladrón: 46806
Lagarto: 56246
Lago: 9341
Lágrimas: 67943
Lama: 6056
Lamentos: 548
Lamer: 44514
Lámpara: 31394
Lana: 17912
Landa: 45118
Langosta (crustáceo):80644
Langosta (insecto):71079
Langostino: 73728
Lanza: 44683
Lanzallamas: 27011
Lanzarse: 41907

Lápiz:	20995
Larvas:	75673
Lástima:	31847
Látigo:	17779
Latín:	1689
Laúd:	19870
Laurel:	70969
Lavabo:	40287
Lavadora:	10287
Lavanda:	37730
Lavaplatos:	32947
Lavar:	65018
Lavarse:	61460
Lavativa:	78797
Lazo:	41230
Lección:	32847
Leche:	66872
Lecho:	48724
Lechuga:	6272
Lechuza:	37268
Leer:	72758
Legado:	9965
Legislación:	67039
Legumbres:	89490
Lejanía:	35015
Lengua:	35393

Lenguado: 88428
Lenguas extranjeras: 21130
Leñador: 80435
León: 83879
Leopardo: 68662
Letargo: 25755
Letrero: 47554
Levadura: 83639
Levantarse: 52851
Ley: 86078
Liana: 77496
Libélula: 84435
Libertad: 77048
Librea: 56438
Libreta: 19420
Libros: 40300
Licencia: 56330
Liceo: 75562
Licor: 45816
Liebre: 49458
Ligereza: 16306
Ligero: 75780
Lilas: 57549
Lima: 61891
Limón: 61406
Limosna: 64822

Limosnero: 58268
Limpieza: 56882
Lince: 33283
Linchamiento: 50606
Linterna: 44088
Lira: 30132
Lirio: 5038
Lirón: 35046
Lis: 21491
Lisiado: 63207
Litera: 82550
Litigio: 42889
Llaga: 58966
Llamada: 86945
Llamas: 45153
Llanura: 86634
Llave: 45365
Llegada: 21282
Llenar: 15738
Llorar: 79235
Lluvia: 49020
Lobo/a: 1409
Loco/a: 62967
Locomotora: 46099
Locutorio: 16024
Lodo: 2788

Loro:	79426
Lotería:	40741
Loto:	89263
Loza:	503
Lucha:	19107
Luciérnaga:	60801
Lucio:	54267
Lujo:	32522
Luna:	83898
Lupa:	52503
Lúpulo:	78181
Lustrar:	41918
Luto:	30838
Luz:	6784

M

Macizo:	42530
Madeja:	75077
Madera:	33286
Madre:	54908
Madreselva:	47207
Madriguera:	33162
Madrina:	28523
Maestro:	19039
Magia, mago:	31091
Magistrado:	75760
Magnolia:	27308
Maíz:	70105
Majada:	86200
Malabarista:	17008
Maldecir:	8128
Maledicencia:	51937
Maleta:	9660
Maleza:	25961
Malhechor:	6540
Mallas:	73163
Maltratar:	64352
Malva:	33883
Mama:	53682

Mamar:	87542
Mamut:	63184
Manantial:	49780
Manchas:	24110
Manco:	18916
Mandar:	9663
Mandarina:	84819
Mandíbula:	71505
Mandolina:	2681
Mangas:	51463
Manillar:	73785
Maniquí:	75555
Mano:	9664
Mansión:	70626
Manteca:	43355
Mantel:	56787
Mantequilla:	48421
Manto:	27694
Manzana:	13371
Manzanilla:	27088
Mañana:	851
Mapa:	38838
Maquillaje:	58902
Máquina:	86988
Mar:	24630
Margarina:	18813

Margarita:	28204
Marinero:	45275
Marioneta:	25349
Mariposa:	37183
Mariquita:	58753
Mariscos:	20921
Marisma:	86041
Marmita:	54105
Mármol:	56997
Marmota:	47454
Marqués/a:	33771
Marta:	80548
Martillo:	73745
Mártir:	49574
Masacre:	10578
Masaje:	50635
Máscara:	45143
Masticar:	21447
Matadero:	43143
Matar:	59759
Matemáticas:	67871
Matorral:	30488
Matraca:	35997
Matrimonio:	87687
Maullido:	11114
Mausoleo:	18314

Mayonesa:	89763
Mayorista:	34976
Mazmorra:	74380
Mecánico:	77997
Mecanismo:	56267
Mechero:	86137
Medalla:	68424
Medianoche:	62001
Medias:	80332
Medicamentos:	27644
Médico:	9200
Medidas:	78568
Mediodía:	34881
Meditación:	85581
Médula:	19833
Medusa:	77226
Megáfono:	71650
Mejillas:	59184
Mejillón:	12537
Mejorana:	73021
Melancolía:	86283
Mellizos:	39128
Melocotones:	5519
Melón:	63990
Membrillos:	63445
Mendigo:	11304

Menta:	83274
Mentira:	54035
Mentiroso:	56615
Mercader:	11904
Mercado:	80778
Mercenario:	86132
Mercería:	84894
Mercurio:	13759
Merengue:	19336
Mermelada:	85022
Mesa:	15126
Metamorfosis:	72830
Meteorito:	22273
Metro:	15694
Mezcla:	69351
Microscopio:	29756
Miedo:	27065
Miel:	34638
Mies:	18792
Migración:	34071
Mijo:	18430
Milenrama:	76169
Militar:	86281
Millonario:	25489
Mimbre:	18054
Mimo:	74807

Mimosa: 58135
Mina: 89577
Ministro: 85210
Mirada: 81418
Mirlo: 74237
Misa: 83667
Miseria, mísero: 33815
Misionero: 67872
Mitología: 16711
Mochila: 36723
Mochuelo: 23659
Moda: 69431
Modelo: 26120
Modista: 88770
Mofarse: 24259
Moho: 72466
Mojar: 87426
Mojón: 5862
Molino, moler: 29248
Momia: 8925
Monasterio: 89779
Mondadientes: 60649
Mondar: 80446
Monedas: 24256
Monedero: 88805
Monigote: 58588

Monja:	79009
Monje:	55097
Mono:	28054
Monóculo:	12013
Monstruo:	74455
Monstruos:	38159
Montaña:	53974
Moras:	61838
Morcilla:	8000
Mordaza:	36454
Morder:	65052
Mordida:	16158
Mosaico:	62925
Moscas:	48816
Mosquitos:	19686
Mostaza:	9604
Motín:	49181
Motocicleta:	33803
Motor:	25636
Mozo:	27994
Muchedumbre:	7046
Mudanza:	3721
Mudo/a:	85157
Muebles:	6789
Muelle:	16314
Muérdago:	28622

Muérdago:	83209
Muerte:	40652
Muerto:	33992
Muguete:	69607
Mujer:	35249
Mujeres:	76058
Mula:	30364
Muladar:	76471
Muletas:	39428
Multa:	78221
Multitud:	79958
Muñeca:	44510
Muralla, muro:	84508
Murciélago:	12474
Murmullos:	40191
Museo:	36255
Musgo:	806
Música:	63169
Mutilación:	5933

N 56894

Nabos:	14660
Nácar:	33144
Nacimiento:	36588
Nadar:	26113
Naftalina:	11507
Naipes:	28426
Nalgas:	70042
Naranjas:	60043
Naranjo:	10276
Narciso:	27799
Narcóticos:	24646
Nariz:	63779
Naufragio:	25852
Náusea:	69464
Navaja:	2513
Neceser:	8978
Negativa:	49243
Negociante:	5457
Negro:	20794
Nenúfar:	22304
Neumáticos:	69058
Nevera:	70342
Nido:	56041

Niebla:	27517
Nieve:	63852
Ninfas:	30223
Niño:	34918
Nísperos:	53684
Nobleza:	81748
Noche:	15261
Nodriza:	259
Nogal:	4349
Nómada:	46040
Nombre:	35429
Nomeolvides:	57490
Norte:	42124
Notario:	30735
Notas:	74810
Noticias:	54474
Novela:	22131
Novillo:	29775
Nubes:	58050
Nudo:	33686
Nuera:	26280
Nuevo:	11981
Nuez:	89398
Números:	72632
Nupcias:	53866
Nutria:	87439

O

Oasis: 3262
Obelisco: 42393
Obesidad: 61187
Obispo: 37357
Oboe: 10766
Obras: 75202
Observatorio: 39568
Obstáculos: 36513
Ocas: 74279
Océano: 57494
Oculista: 11942
Odio: 26013
Odre: 43511
Oeste: 85411
Ofensas: 45733
Oficial: 80975
Oficio religioso: 35214
Ogro: 58459
Ojos: 15045
Olas: 36247
Olivo: 8398
Olla: 7546
Olores: 28257
Ombligo: 12054

Ondinas:	15518
Ópera:	8943
Operación:	88342
Opio:	72935
Opresión:	48643
Óptico:	33892
Orador:	26512
Orden:	35932
Ordenanza:	17782
Ordeñar:	85139
Orejas:	26425
Órgano:	86333
Orgías:	35433
Orgullo:	17799
Orientación:	85996
Oriflama:	47586
Orina, orinar:	50766
Oro (Metal no Color):	78675
Oro (Color):	35432
Orquesta:	62453
Orquídea:	41526
Ortigas:	43744
Oruga:	25972
Oscuridad:	18413
Oso:	18996
Ostras:	48943

Otoño: 56878
Ovación: 39017
Ovejas: 9925
Oveja negra: 78294
Ovillo: 84237

P   51593

Pabellón:	7920
Pacer:	10071
Pactar:	62082
Padre:	69999
Página:	82567
País:	40292
Paisaje:	82588
Paja:	37137
Pajarera:	71953
Pájaros:	48493
Paje:	70836
Pala:	8143
Palabras:	53518
Palacio:	88829
Palanca:	57367
Palco:	1001
Palidez:	4429
Palio:	9249
Palma:	2904
Palmera:	23548
Palo:	22173
Paloma:	40126
Pan:	8049

Pancarta:	18711
Pandemia:	43776
Panocha:	22508
Panorama:	50366
Pantalones:	33316
Pantano:	89647
Pantera:	15346
Pantuflas:	43759
Pañuelo:	17780
Papa (Sumo Pontífice):	71904
Papel:	88416
Paperas:	15782
Paquete:	43378
Paracaídas:	17096
Paraguas:	33539
Paraíso:	77619
Parálisis:	54634
Pararrayos:	86666
Parasol:	66253
Pardo:	54596
Pared:	5021
Parientes:	46803
Parque:	46219
Parquet:	60248
Parra:	26130
Parterre:	42213

Partir:	14334
Parto:	5334
Pasaporte:	50170
Pasarela:	33968
Pasos:	47107
Pastas:	58166
Pastelería:	6015
Pastor:	76310
Patentar:	50052
Patinar:	51474
Pato:	64213
Patrón:	45472
Pavimento:	42530
Pavo real:	73331
Pavo:	23256
Payaso:	31011
Paz:	23701
Peces:	76530
Pechos:	80550
Pedalear:	53290
Pedestal:	14521
Pedir:	4181
Peinado:	5036
Peinar:	15487
Peine:	68909
Peladillas:	22081

Pelar:	63532
Pelea:	80754
Pelele:	55675
Peletero:	29362
Pelícano:	63134
Película:	77930
Peligro:	21386
Pelliza:	27457
Pellizcar:	89317
Pelos:	62058
Pelota:	42851
Peluca:	19494
Pena:	8393
Penacho:	3605
Pendientes:	49218
Péndulo:	83289
Pene:	14623
Penitencia:	40920
Pensamiento:	5862
Pensión:	31780
Peñón:	61237
Peonía:	16088
Pepinos:	7959
Pequeño:	67982
Peral:	77319
Perchero:	10911

Pérdida:	25576
Perdiz:	68741
Perdonar:	36562
Peregrino:	89100
Perejil:	70483
Pereza:	69012
Perfumes:	15906
Pergamino:	35988
Perifollo:	45612
Periódico:	37861
Perjurio:	59970
Perla:	64607
Perro:	10191
Persecución:	85942
Persiana:	12708
Pértiga:	56884
Pesadilla:	2614
Pesas:	87656
Pescar:	30804
Pesquisa:	38812
Pestaña:	69480
Peste:	27534
Pétalos:	75814
Petardo:	63200
Petirrojo:	66058
Petrificación:	51583

Petróleo: 45043
Piano: 26043
Picadura: 35711
Picaporte: 52975
Pico: 79497
Piedra: 33392
Piedras preciosas: 23194
Piel: 463
Piernas y pies: 23754
Pijama: 50672
Pilar: 74588
Píldora: 8264
Piloto: 57504
Pimienta: 14609
Pingüino: 73110
Pino, piña: 64138
Pintar: 53679
Pinzas: 43516
Pinzón: 69634
Piojo/Piojos: 25212
Pipa: 47135
Piragua: 85032
Pirámide: 17159
Pirata: 2683
Piscina: 28192
Pistola: 46816

Pistón:	11449
Pizarras:	78031
Plancha:	28140
Planeta:	62051
Plantas:	37948
Plata:	89249
Plata:	8973
Plátano:	59177
Plato:	77268
Playa:	63548
Plomo:	74437
Plumas:	80090
Poemas:	85366
Polea:	54474
Policía:	1733
Poligamia:	21732
Polilla:	38145
Político/a:	23344
Polla:	71881
Pollitos:	31377
Polvo:	83962
Pomelo:	53230
Pontón:	8304
Porcelana:	13145
Posada:	57455
Poste:	35206

Postizo: 52991
Pozo: 48616
Prado: 13545
Precipicio: 43324
Predicador: 18962
Presente: 27231
Presidente: 67765
Prestidigitador: 2232
Presupuesto: 62768
Primavera: 62751
Primo/a: 84557
Príncipe: 39533
Prisionero: 42509
Prismáticos: 56154
Procesión: 51923
Proceso: 20818
Prodigalidad: 45222
Profanación: 78456
Profesiones: 75132
Profesor: 89996
Propietario: 10914
Propina: 35657
Prostituta: 62214
Protección: 6922
Proxeneta: 55414
Proyectil: 81564

Proyector: 38041
Puente: 13356
Puerco/a: 30889
Puercoespín: 68977
Puerro: 74315
Puerta: 73161
Puerto: 55346
Pulgas: 86582
Pulir: 83952
Pulmones: 74786
Pulpo: 47934
Puntas: 1001
Puñal: 22185
Puño: 86721
Pupitre: 69410
Puré: 73077
Purgatorio: 25969
Púrpura: 37387
Puta: 60255
Putrefacción: 74549

Q

Quebrar: 26691
Queja: 80174
Quemaduras: 39909
Querubín: 19563
Queso: 49441
Quiebra: 14768
Quimeras: 21036
Químico: 80455
Quimono: 38978
Quiosco: 64913
Quiste: 28874
Quitanieves: 44778

R

Rábanos: 49743
Rabia: 50808
Rabino: 9185
Radar: 3687
Radio: 25072
Radiografía: 57637
Rallador: 24154
Rama: 13385
Ramillete: 15845
Ramo: 61986
Ranas: 77318
Rapaz: 34732
Raptar: 16522
Raqueta: 60023
Rascacielos: 2207
Rascar: 67008
Rasgar: 4723
Rasguño: 70629
Raso: 81493
Rastrillo: 63708
Rastro: 32221
Rata: 17199
Ratón: 57502

Raya:	6487
Rayar:	70115
Rayo:	51979
Rebaño:	22928
Rebuzno:	46496
Receta:	48837
Recibirlo:	26301
Recibo:	63068
Recipiente:	60816
Reclamar:	5123
Reclinatorio:	69928
Recomendar:	6016
Recompensa:	63309
Reconciliación:	309
Red:	60861
Refectorio:	37562
Reflexionar:	13789
Reformatorio:	8169
Refresco:	38813
Refugio:	28179
Regalo:	68874
Regimiento:	70232
Regocijo:	74212
Rehén:	4335
Reina:	32212
Reja:	59551

Rejuvenecer: 26597
Relámpago: 83140
Religión: 75163
Religioso/a: 77444
Rellano: 30167
Reloj: 21210
Remar: 84618
Remendar: 61753
Remolacha: 24349
Remolcar: 68657
Remolino: 20336
Remordimiento: 44166
Rendición: 47421
Renos: 44456
Renuncia: 51622
Reposar: 52230
Represalias: 32337
Reproches: 53769
Reptiles: 73579
Resbalar: 78835
Rescatar: 21022
Resfriado: 58316
Resina: 37867
Respiración: 39027
Restaurante: 66221
Retraso: 24611

Retrato: 63428
Retrete: 31358
Retroceder: 4379
Retrovisor: 54208
Reunión: 12028
Revolución: 9529
Revolver: 88756
Revuelta: 48690
Rey: 7028
Rezar: 75924
Ribera: 76577
Riendas: 38348
Rinoceronte: 80564
Riñones: 7516
Río: 89229
Riqueza: 70094
Risa: 70097
Rival: 49910
Robar: 27005
Roble: 62643
Roca: 78740
Rocío: 80258
Rodillas: 47173
Roedores: 44733
Rojo: 85087
Rompecabezas: 1310

Romper:	76248
Ron:	74817
Ropa:	89911
Rosa:	13789
Rosario:	41337
Rostro:	29495
Rotura:	72663
Rubí:	62590
Rueca:	27383
Rueda:	51192
Rufián:	15719
Ruinas:	55198
Ruiseñor:	76470
Ruleta:	62747
Ruptura:	76492
Ruta:	53056

S   27054

Sábanas: 729
Sabañones: 12714
Sabio: 10533
Sable: 4536
Sabores: 61708
Sabotaje: 23514
Sacerdote: 25758
Saco: 65592
Sal: 51842
Salario: 6898
Salchicha: 30256
Salchichón: 6566
Saldos: 29772
Salero: 36300
Saliva: 62915
Salmón: 18817
Salmos: 74572
Salpicadura: 60798
Salsa: 66585
Saltamontes: 79183
Saltar: 51469
Saludar: 47489
Salvaje: 88614

Salvar:	27170
Salvia:	53302
Sanatorio:	4085
Sandalias:	24403
Sandía:	75392
Sangre:	58495
Sanguijuela:	60533
Santo:	85709
Sapo:	57320
Sarampión:	52755
Sarcófago:	63384
Sardinas:	23082
Sarna:	44730
Sartén:	1028
Sastre:	73703
Sauce:	41482
Sauna:	50239
Saxofón:	38724
Secante:	88066
Secar:	41143
Secretaria:	45420
Secreto:	28827
Secuestrar:	90046
Sed:	10751
Seda:	33780
Seducir:	43072

Segar: 76081
Sello: 51550
Sembrar: 61141
Semilla: 32435
Sémola: 83629
Sendero, senda: 22851
Senos: 49221
Señal: 38775
Separación: 47810
Sepia: 66071
Sepultura: 38375
Sermón: 63859
Serpiente: 41741
Seto: 11091
Sexo: 84711
Sidra: 50571
Sierra: 35982
Silbar: 87073
Silbato: 57301
Silencio: 76246
Simio: 69157
Sirenas: 3416
Sirviente: 68486
Sobrino: 53831
Socorrer: 76145
Soldados: 81596

Soldadura:	17686
Sollozar:	41910
Soltero:	34196
Sombra:	36623
Sombrero:	21787
Sombrilla:	4128
Sonreír:	65346
Sopa:	17008
Soplar:	36583
Soplón:	87560
Sordera:	67310
Sortija:	55033
Sosiego:	8889
Sótano:	62044
Subasta:	59882
Subir:	5370
Submarino:	12858
Subterráneo:	66461
Sucesión:	13227
Suciedad:	53441
Sudario:	3299
Sudor:	69870
Suegro/a:	73900
Sueño:	40980
Suero:	40123
Suerte:	45908

Sufrir: 42555
Suicidio: 80694
Sultán: 47664
Sur: 10798
Surcos: 5439
Suscripción: 2289
Suspiro: 49334

T   14919

Tabaco: 80757
Taberna: 37045
Tabique: 14973
Tabla: 14684
Taburete: 25346
Talabartero: 44827
Talco: 33488
Talismán: 34553
Taller: 60610
Talud: 15589
Tambor: 57041
Tamiz: 48254
Tampón: 4535
Tango: 40249
Tanque de Agua: 10324
Tanque de Guerra: 49475
Tantra: 27700
Tapia: 10000
Tapioca: 21744
Tapiz: 30057
Tapizar: 15333
Tarántula: 86771
Tarde: 24243

Tarifas:	18289
Tarot:	75947
Tarrina:	21750
Tarta:	53842
Tartamudear:	27908
Tatuaje:	31314
Taxi:	38547
Taza:	4763
Té:	41567
Tea:	67598
Teatro:	78943
Techo:	73441
Tejado:	25931
Tejer:	88127
Tejido:	24207
Tejo:	54676
Telaraña:	35032
Teléfono:	72112
Telegrama:	25849
Telescopio:	12332
Televisión:	63343
Tempestad:	64573
Tenazas:	64762
Tenedor:	72052
Tenedor:	76798
Terciopelo:	47704

Termas: 76724
Termitas: 1973
Termómetro: 13984
Ternero: 43273
Terraza: 19621
Terremoto: 78150
Terror: 27248
Tesoro: 5247
Testamento: 12685
Testículos: 40233
Testimonio: 63496
Tetas: 55749
Tetona: 29838
Tía: 41300
Tiburón: 8735
Tienda de campaña: 20653
Tienda: 86216
Tierra: 62981
Tiesto: 53088
Tifón: 70738
Tigre: 76654
Tijeras: 28534
Tijereta: 2686
Tilo: 29409
Timbas: 82765
Timón: 81192

Tinieblas:	11608
Tinta:	76727
Tintero:	49640
Tiña:	45336
Tío:	52379
Tirabuzón:	20635
Tiranía:	70343
Tiritar:	80670
Tiroteo:	41527
Tisana:	44498
Títeres:	29967
Tiza:	17074
Toalla:	3956
Tobogán:	69641
Tocador:	6331
Tocino:	84154
Tomate:	44096
Tomillo:	10408
Tonel:	73411
Tonto:	72240
Topo:	43525
Torbellino:	71587
Tormenta:	78627
Tornado:	15491
Torneo:	76860
Tornillo:	87623

Torno:	40400
Toro:	51847
Torpedo:	22999
Torre:	4804
Tórtola:	22239
Tortuga:	20151
Tos:	60040
Trabajador:	79441
Trabajo:	53759
Tractor:	9116
Traducir:	46381
Traición:	38221
Traje:	24173
Trampa:	31206
Trampolín:	41664
Tranvía:	48822
Trapecio:	56750
Trébol:	87154
Tren:	45153
Trepar:	82464
Tribu:	12611
Tribunal:	7433
Tridente:	80292
Trigo:	27438
Trineo:	50465
Tripas:	35730

Triturador:	51040
Trompeta:	75393
Trompo:	70339
Trono:	46334
Tropezar:	47620
Trucha:	24191
Trueno:	39065
Trueque:	17679
Trufa:	34993
Tubo:	19902
Tuerto:	70730
Tugurio:	31972
Tulipán:	89987
Tullido:	88117
Tumba:	43280
Tumor:	43471
Túnel:	5305
Túnica:	43298
Turbante:	50052
Turón:	34060
Turrón:	10679
Tutor:	9046

U 8211

Ubre:	76786
Úlcera:	18477
Ulular:	36013
Umbral:	12519
Ungüento:	31962
Uniforme:	20147
Universidad:	65872
Universo:	64009
Uñas:	80572
Urna:	69107
Urraca:	868
Usurero:	47727
Uvas:	45918

V 8821

Vaca:	35640
Vacaciones:	5605
Vacuna:	83920
Vado:	32737
Vagabundo:	38081
Vagina:	18881
Vaho:	3445
Vajilla:	48783
Valle:	87086
Vals:	76667
Vampiro:	83983
Vapor:	7908
Vaquero:	9556
Vara:	21520
Varices:	54756
Vasija, vaso:	71181
Vecino:	88520
Vehículo:	61539
Vejez:	5781
Vela:	14665
Velar:	7741
Velero:	30253
Veleta:	28695

Vello:	32817
Velo:	53537
Venda:	33534
Veneno:	44950
Ventana:	9396
Ventisquero:	42347
Ventosa:	87376
Verano:	39144
Verde:	419
Verdugo:	79955
Verduras:	45686
Vergel:	74212
Vergüenza:	78080
Verruga:	60261
Vertedero:	38520
Vértigo:	57659
Vestíbulo:	40222
Vestido:	32058
Viaje:	24265
Víbora:	42403
Victoria:	27882
Vid:	51861
Vidente:	16990
Vidriera:	9321
Viento:	72750
Vientre:	39609

Viga:	84284
Vigilante:	30925
Villa:	18520
Vinagre:	83981
Vino:	61921
Violeta (color):	32907
Violeta (flor):	45729
Violín:	64481
Viruela:	48259
Virutas:	44300
Visitas:	63363
Vitriolo:	45896
Viudo/a:	8697
Vivac:	81660
Vivero:	66749
Volar:	47962
Volcán:	11758
Vomitar:	85996
Votar:	48831
Voz:	54092

Y

Yacimiento: 5365
Yate: 1886
Yegua: 10231
Yelmo: 30163
Yerno: 9927
Yeso: 37176
Yoga: 68193
Yugo: 52690
Yunque: 43606

Z 14587

Zafiro: 65138
Zanahoria: 20766
Zancos: 35199
Zanja: 25441
Zapatos: 9098
Zarza: 46352
Zarzamora: 73692
Zorro: 74816
Zuecos: 21341
Zumbido: 43132
Zurcir: 55875
Zurdo: 84505
Zurrón: 77770

LISTADO DE SUEÑOS EN ORDEN ALFABÉTICO
No. II

A
Alpiste: 63
Altar: 23. 24, 45
Alumno: 6
Ama de casa: 34. 85
Amar: 3
Amazona: 40
Ambulancia: 100
Ametralladora: 5
Amiga: 72
Amigo: 24, 43
Amistad: 43
Amolador: 58
Amor: 12, 36, 65, 66, 83
Amputación: 1, 96
Ana: 11
Anafre: 13, 76
Anatomía: 19, 55, 75
Anciano: 31, 93
Ancla: 54
Anclar: 11
Ancora: 35, 63
Andar: 2
Andarín: 93
Andrajo: 27, 35
Anécdota: 21, 44

Aneurisma: 3, 72
Ángel criminal: 21
Ángel: 20, 57, 84, 96
Anguila: 16, 71
ANGUILA: 26
Anillo: 6, 54, 58
Animal en la cima: 23
Animal: 20, 23, 76
Animales: 21, 98
Anís: 57
Anteojo: 9, 51, 88, 100
Antorcha: 74
AÑO DEL CUERO: 44
Año malo: 44
Año: 50, 54
Apagador: 17, 80
Aparición: 28, 69
Apasote: 60
Apetito: 24, 68, 78
Aposento: 19, 82
Aposte: 60
Apuesta: 34, 89
Arado: 47
Araña: 31, 32, 39, 45, 59
ARAÑA: 35
Árbol viejo: 17

Árbol: 25, 88
Arbusto: 31
Archivo: 95
Arco barril: 7, 54
Arco iris: 11, 25, 29, 30, 70
Arco triunfal: 82
Arco: 25, 35
Ardilla: 10, 40, 60, 86
Arena: 16
Arete: 65
Aretes: 14
Arlequín: 29, 87
Arma: 17
Armas y municiones: 97
Armadura de reloj; 19
Armadura: 52, 54
Armario: 8, 71, 79
Armería; 71
Armero: 33
Arrecife: 66, 76
Arrendar: 16, 100
Arroz crudo: 91
Arroz: 20, 61, 90
Arsenal: 97
Artesano: 75
Artista de cine: 69

Artista: 4, 33, 64, 68, 81
Arzobispo: 8, 72
As de Basto: 14, 99
As de Copa: 12
As de Espada: 13
As de Oro: 11
Asaltado: 2
Ascensión: 60, 90
Asedia: 30, 47
Aserrar: 19
Asesino: 32, 90, 97
ASESINO: 63
Asiento de tren: 76
Asno: 35
Astas: 85
Astilla: 82
Astillero: 29, 30, 42
Asustado: 2
Atragantar: 4
Audición: 2, 48
Audiencia: 23, 84
Aura de techo: 4
Aura: 10, 24, 79
Aureolo: 3, 52
Aurora: 22, 33
Ausencia: 5

Ausente: 51
Auto: 79
Automóvil: 100
Automóvil: 33, 70
Autopsia: 97
Autor: 79
Autoridad en el coche: 27
Autoridad: 67. 68
Avaro: 20
Ave de paso: 27
Avellana: 25, 87
Avena: 1, 81
Avión alto: 83
AVION: 85
Avión: 92
Avispa: 16, 22, 31, 37, 78, 85
AVISPA: 27
Ayuno: 20, 88
Azar; 96
Azoque: 65
Azotar: 20, 74 Bate: 53, 55
Azote: 11 Batea: 58, 82
Azúcar: 20 Batey: 5, 98
Azufre: 38, 58 Batirse: 73

B

Baba: 4, 67
Babosa: 76
Bacalao: 19
Bahía: 80
BAILARINA: 76
Baile: 8, 38, 39, 40, 46, 55
Bebedor: 27, 55
Bajar: 60
Balanza: 82
Balcón: 35, 100
Ballena: 17, 86
Banca: 68
Bancarrota: 8, 90
Banco de piedra: 31
Banco de sangre: 13
Banco: 81, 82
Bandera blanca: 28
BANDERA DE GUERRA: 77
Bestia: 10, 60
Bandera extranjera: 78
BANDERA: 19
Bandera: 25, 28, 73, 84
Bibijagua: 88
Banderilla: 71
Bandido: 20, 28, 29, 63, 77, 82

Bando de gorriones: 44
Bandolero: 41
Banquero; 22, 84
Banquete: 8, 38
Baño: 1, 71
Baraja: 33, 75, 84, 86, 97, 100
Barba: 22, 23, 60, 80
Barbería: 48
Barbero: 48
Barco: 22, 23, 53, 80, 81, 98
Barómetro: 17, 67
Barquilla de oro: 95
Barrendero: 33
Barrer: 1, 79
Barrera: 14, 44
Barril: 69
Bastón: 77, 83
Basura: 6, 66, 85
Basurero: 33
Batalla: 78
Batuta: 56
Baúl: 27, 63, 86
Bautizo: 66, 67
Bayamesa: 38, 43
Bayoneta: 38, 43, 75
Bazo: 33, 89, 98

Bebe: 13
Bebedero: 27
Beber: 38, 84
Bebida: 38, 66, 84
Bejuco: 53
Bejucubí: (Planta medicinal): 53
Bellota: 28, 62
Bendecid: 5, 37
Beneficio: 25, 64
Berenjena: 51
Berro: 28, 54, 74
Beso: 15, 35, 53
Biajaca: 44
Biberón: 6
Biblia: 20, 27, 63
Biblioteca: 20, 62
Bicarbonato: 41
BICICLETA: 52
Bicicleta: 62
Bien: 16, 70, 75
Bigote: 23
Billar: 41
Billete dorado: 25, 75
Billete perdido: 15
Billetera: 15
Billetes: 77

Bizcocho: 4, 50
Blanca: 45
Blanco: 28, 30, 65
Blúmer: 40
Bobo: 13, 73
Boca chiquita: 55
Boca: 4, 30, 36, 42
Boda: 100
Bodega; 29, 36, 51, 84, 91
Bufete: 7
Bofetada: 87
Bofetón: 59
Bohemia: 48
Bohío: 10, 11, 84, 91
Bola: 6
Bolas: 55
Boleta; 87
Boletín: 31 Busto: 26, 36, 68
Boleto: 80
Bolitero o Billetero: 77, 99
Bolo: 27, 68
Bomba: 21, 48
Bombero: 40
Bombillo: 35, 53
Bombo: 12
Boniato: 29

Bonito: 33, 53, 61, 86
Boquilla: 5
Borceguí: 43
Bordado: 4, 24, 41
Borracho alegre: 48, 51
BORRACHO: 49
Borracho: 54
Bosque: 13, 74, 92
Bota: 4, 85, 97
Bote de lujo: 23
Botella: 1, 6, 8, 29, 30, 36, 39
Botica: 37, 97
Boticaria: 61
Boticario: 56
Botija: 17
Botón: 94
Brazo: 26, 28, 76, 79
Brillante: 21
Brillar: 20, 41
Brillo: 41
Brocha: 16, 84
Broma: 32, 82
BRUJA: 37
Bruja: 65
Brujería: 18, 37
Brujo: 64

Buena noticia: 80
BUEY: 72
Buey: 9, 16, 30, 59
Búho: 3, 14, 33, 93
Buitre: 28
Bujía: 13, 43
Bulla: 91
Buñuelo: 19, 66
Burla: 24, 55
Burro: 3, 35, 39, 59, 73, 91, 98

C

Caballería: 1, 43
Caballero: 45
CABALLO GRANDE: 61
Caballo grande: 70
CABALLO: 1
Caballo: 10, 11, 45, 58, 71, 72
Cabaña: 14, 44
Cabello: 11
CABEZA: 1
Cabeza: 9, 66, 99, 100
Cabildo: 17
Cabilla: 72, 94
Cabra: 16, 96
Cabriola: 31, 41
Cacao: 37, 38
CACHIMBA: 36
Cadáver: 6, 60, 71
Cadena: 46
Cadera: 7, 65
Caer: 32
Café claro: 68
Café: 6, 9, 20, 27, 68
Cafetera: 2, 36, 72
Cafetería: 36, 71
Caguayo: 41

Caída casual: 14, 19
Caída: 2, 32, 55, 82
CAIDA: 81
Caimán: 30, 43
Caimitillo: 52
Caja de cartón: 20
Caja de hierro: 75
Caja: 7, 70
Calabaza china: 83, 88, 95
Calabaza: 8, 92, 95
Cañandonga: 12
Calabozo: 7, 26, 61, 91
Cañaveral: 17
Calamar: 9
Calderos: 90
Calentura: 17, 86
Calle: 26, 72
Calor: 2, 51, 57, 77
Calzado: 11
Calzoncillo: 12, 40, 80
Cama antigua: 49
Cama nueva: 56
Cama revuelta: 56
Cama vieja: 57
CAMA: 57
Cama: 7, 41, 72, 87, 88, 94

Caravana de húngaros: 59
Camarón: 17, 25, 32
CAMARON: 30
Camello: 1, 29, 97
Camilla: 80
Camino largo: 6
Camino: 24, 25, 48, 60, 79, 82
Cariño: 24
Camión: 90
Camionero: 38
Camisa: 11, 17, 56, 82
Camiseta: 20
Campamento: 29, 58
Campana: 3, 27, 40, 43
Campanilla: 5, 91
Campaña: 77
Campas: 35, 40
Campesina: 19
Campesino: 41
Campiña: 2
Campo: 13, 69
Canario: 25, 27, 44
Cancelada: 21
Canción criolla: 68, 69, 70
Canción: 47
Candado: 4, 5

Candela chica: 6
Candela grande: 66, 86, 98
Candela: 8, 23, 64, 84
CANDELA: 89
Cangrejo fino: 58
Cangrejo: 30
CANGREJO: 55
Cantador: 28, 92
Cantar: 11, 18, 32, 92
Cantina: 40
Caña: 20, 27, 45, 56, 59
Cañero: 40
Cañón: 16, 20, 50, 54, 61, 81, 88
CAÑONAZO: 61
Capataz: 34
Capilla: 4, 49
Capitolio: 87, 94
Cara: 4, 29, 59
Caracol de colores: 2
Caracol negro: 61
Caracol: 43, 63
CARACOL: 7
Caramelo: 90
Caravana: 24
Carbón: 29, 74, 77, 99
CARBONERO: 99

Cárcel: 55
Cardenal: 34, 67, 78, 93
Carnaval: 45
Carne: 18, 47
Carnero: 28, 42
Carnicería: 16, 71
Carpintero: 24, 28, 29, 39
Carreta; 1
Carretel: 38
Carretera: 37, 40, 87, 97
Carretilla: 62
Carretón de basura: 99
Carriola: 1
Carro de bombero: 28
Carro fúnebre: 35
Carro: 38
Carroza: 6
Carta: 6, 15, 56, 57, 67
Cartas: 8
Cartel: 77
Cartera: 71, 74
Cartero: 40
Cartilla: 94, 98
Casa de arte: 12
Casa de sita; 47
Casa grande: 78

CASA NUEVA: 25
Casa vieja: 69, 88, 95, 96
Cicatriz: 4, 65
CASA VIEJA: 89
Casa: 2, 7, 18, 45, 49
Casamiento: 16, 82
Casarse: 86
Cascada: 3, 73
Caso: 84
Castaña: 17
Catarro: 36
Cazabe: 90
Cazar: 21
Cazuela: 10, 12
Cebolla; 8, 62
Cebra: 1
Cedro: 13
Celebro: 17, 82
Celo: 66
Cementerio viejo: 78
CEMENTERIO: 14, 68
Cementerio: 8, 45
Cemento: 11
Cena: 12
Cenizas: 4, 11, 35
Centella: 39

Centinela: 40
Centro espiritista: 39
Cepillo: 27
Cepo: 63
Cera: 25, 86
Cerca: 44, 48, 55
Cereza: 4, 41
Cerrajero: 4, 24, 84
Cerveza: 33, 44
Chaleco: 21
Chalet lujoso: 70
Chancleta: 95
Charla: 36
Chiflado: 41
Chimenea: 22, 76
Chincha: 30, 99
Chinela: 69
Chino lavandero: 69
Chino: 25, 46, 64, 68
Chipojo: 61
Chisme: 22
Chiva muy crecida: 88
CHIVO: 28
Chivo: 82
Choque de autos: 96
Chulo; 13, 25

Ciclón: 82
Cidra: 14
Ciego: 8, 10, 54, 58, 84
Cielo: 25, 41, 95
Ciempiés: 3
Ciervo: 12, 37
Cigarro: 15, 52, 61, 63
Cigüeña: 30, 98
Cimarrón: 15, 69, 70, 85, 92
Cinco de Basto: 54
Cinco de Copa: 52
Cinco de Espada: 53
Cinco de Oro: 51
Cine: 13, 51, 68, 75, 80
Cinematógrafo: 75
Cinto: 16
Cintura: 12, 77
Circo: 8
Ciruela: 7, 41
Cirujano: 95
Cisne: 11, 86
Cita: 6
Ciudad pobre: 94
Ciudad: 63
Clarín: 41
Claustro: 87

Clavellina (Planta): 4
Clavícula rota: 59
Clavo: 9, 67, 68, 82, 92
Cobo lucio: 91
Coche: 52
COCHE: 79
Cocina: 24
Cocinero: 24
COCO: 70
Cocodrilo: 30, 43
Código: 6, 98
Codorniz: 4, 54
Cofre: 84
Cojear: 6, 11, 79
Cojera: 11
Cojo: 6, 49, 55, 56, 79
Col: 14
Cola: 16
Colchón: 80
Colegio: 7, 77
Cólera: 8, 75
Cólico: 25
Coliflor: 15, 60
Collar: 10, 77
COLLAR: 72
Colmena: 45, 78

Color bello: 20
Color rojo: 12
Comadrona: 5, 11
Combate marino: 68, 86
Crespo: 51
Combate: 14, 93
Come fana: 49
Comedia: 92
Comer: 9, 11, 44, 57
Comerciante: 1, 91
Cometa: 47, 89
Comezón: 45
Cómico: 60, 92
Comida: 12, 38, 44, 92
COMIDA: 65
Comilón: 89
Comisión: 17, 21, 83
Comodidad: 81
Compadre: 14
Conejo: 3, 15, 53
CONEJO: 39
Confitura: 17
Conquista: 92
Construcción: 19
Constructor: 9, 19, 32
CUCHILLO: 58

Consuelo: 12
Contrabando: 24
Contrato: 76
Convento: 5, 86
Convulsión. 41
Copa: 35, 62, 75
Coraje: 28
Corazón: 12, 16, 25, 27, 75
Culebra ciega: 74
Corbata: 50, 75
Cordero: 28, 81
Corea: 35
Coriza: 15
Corneta: 89
Corojo: 3
Corona: 41
Coronel: 3, 63, 74
Corralillo: 51
Corre corre: 15
Corriente eléctrica: 45
Corriente: 93
Cortada de serrucho: 33
Corto circuito: 25
Cosa rara: 18
Cosecha: 99
Coser: 36

Costa: 19
Costilla: 3, 98
Costurera: 73, 74
Cotorra: 2, 7, 21, 36
Criado: 9, 30
Criminal: 47
Cristal: 90
Cristo: 33, 51, 100
Crucifijo: 10
Cruz: 4, 10, 33, 40, 63
Cuadro: 17
Cuartel: 56
Cuatro de Basto: 44
Cuatro de Copa: 42
Cuatro de Espada; 43
Cuatro de Oro: 41
Cuba: 40, 48
Cubo: 9, 48
Cucaña: 70
Cucaracha: 15
CUCARACHA: 48
Cuchara de albañil: 18
Cuchara: 14, 15, 27, 38
Cuchillo: 66, 67
Cuello: 39
Cuerda: 81

Cuerno: 47
Cuero: 48, 86
Cuerpo: 70
Cuevas: 76
Culebra: 38, 72, 74, 75
CULEBRA: 39
Culo: 7
Cuñada: 70
CURA: 40
Curandero: 59
Curiel: 65, 45
Curva: 10

D

Dádiva: 19, 83
Dados: 42
Dama: 25
Danza: 27, 57
Declaración: 37, 47
Dedo: 58
Defensor: 24, 50
Delirio de persecución: 60
Disputa: 24, 67
Delirio: 28
Dentista: 32
Deportación: 33, 57
Deporte: 33
Deportista: 33
Depósito: 30, 59
Derrumbe: 32, 55, 100
Desafío: 4, 85, 96
Descanso: 8, 62
Desconecto: 10, 60
Desdén: 2
Desertor: 24, 100
Desesperación: 35, 93
Desesperado: 35
DESESPERADO: 80
Desgracia: 52

Deshollinador: 26
Desierto: 34, 45
Desilusión: 23, 100
Desjuiciado: 13
Desmayo: 96
Desnudez: 12
Desobediencia: 14, 58
Desorden: 5, 63
Despalilladora: 44
Despertador: 85
Desprecio: 6
Destierro: 14, 67
Destornillados: 43 E
Destreza: 13, 51
Destrozar: 61
Día; 2, 52, 81, 82
Diablo: 45, 47
Diamante: 8, 25, 82, 83
Electrocutado: 73
Dibujo: 17, 37
Diccionario: 18, 69
Dicha: 70
DIENTE: 4
Dientes: 31, 58
Diligencia: 23, 73
Dinamita: 53

Dinero de billetes: 74
Dinero grande: 83, 97
Dinero: 11, 90, 97
DINERO: 2, 21, 38
Dios: 1, 17, 33, 47, 100
Discurso; 4, 7, 44, 74
Discusión; 66, 83
Disfraz: 12
Disturbio: 22
Divorcio: 65
DIVORCIO: 66
Dolencia: 58
Dolor de barriga: 16
Dolor de cabeza: 56
Dolor de cerebro: 55
Dolor de estómago: 85
Dolor de muela: 68
Dolor de pierna: 98
Dolor de rotura: 67
Domingo: 5, 49
Domino: 26
Doncella: 50
Dorado: 88
Dos curas en la carretera: 72
Dos de Basto: 24
Dos de Copa: 22

Dos de Espada: 23
Dos de Oro: 21
Dos entierros: 21
Dragón: 1, 45
Droga: 73, 77
Drogas: 76
Dromedario: 9, 40
Dulce; 33, 49, 54, 59, 74, 79
Dúo: 23, 84

E

Ebrio: 1, 38
Eclipse: 17, 69
Eje: 25
Elefante: 52
ELEFANTE: 9
Elevado: 58
Embarazo: 22, 58, 80
Empeine: 17
Emperadora: 10
Empresa: 70
Enamorada: 14, 21
Enamorado: 14, 35, 59, 60, 78, 86
Enano: 25, 38
Encaje: 24
Enclenque: 4
Encuentro de herradura: 81
Esqueleto: 71, 80, 92, 99
Encuentro de un brillante: 83
Estampida: 75
Enemigo: 30, 32, 63
Enfermedad del pecho: 63
Estante: 5
Enfermedad: 30, 61
Enfermera: 58

Enfermo: 30, 44
Enigma: 92
Entierro grande: 98
Entierro: 9, 10, 44, 66
Entraña: 30
Envenenamiento: 47
Equilibrista: 13
Escalera de Caracol: 64
Evangelio: 31
Escalera: 3, 23, 63, 65
Escándalo: 11
Esclavitud: 62
Esclavo: 44
Escoba de palma: 86, 93
Explosión: 26
Escoba: 29, 63
Escobillón: 74
Escolta: 47, 63
Escopeta: 10
Escorpión: 56
ESCORPION: 96
Escribir: 7
Escritor: 84
Escuela: 31
Esfinge: 54
Eslabón de hierro: 82

Eslabón: 6, 47
Espada grande: 62
Espada: 13. 21, 63
Farmacéutico: 22
España: 41, 42
Espárrago: 31
Espectáculo: 13
Espejo grande: 84
Espejo: 5, 8, 31, 52, 58, 90, 99
Fecha de luto: 26
ESPEJO: 85
Espejuelos: 87, 100
ESPEJUELOS: 88
Espía: 6, 73
Espiga: 6, 73
Espina: 35
Espíritu Santo: 24
Esponja; 18
Esposo: 100
Espuela de gallo: 30
Espuma: 85
Esqueleto de insecto; 79
Estanque: 20, 38
Estatua: 40
Estatuto: 31
Estomago: 25

Estoque: 38
Estrangular: 96
Estrella: 12, 22, 30, 65, 66, 72, 82, 89
Estreno: 20
Estudiante: 31, 53, 54
Estudio: 53, 54, 64
Evasión de preso: 17
Excremento de gato: 43
EXCUSADO: 100
Excusado: 17, 33, 66
Extranjero: 41, 100

F

Faisán: 11, 65
Fajar: 16, 49
Falda: 17
Fama: 80
Familia grande: 99
Familia: 21, 34, 36, 58
Familiar muerto: 90, 97
Fango: 19
Fantasma: 49, 98
Faro; 17
Fatiga: 54
Fatuo: 51
Fealdad: 100
Fecha: 16. 17, 40, 49, 59, 91
Feroz: 50
Ferrocarril: 11, 63
FERROCARRIL: 72
Fetiche: 56
Fidel: 22, 78
Fiebre alta: 1
Fiebre: 69, 86
Fiera: 68, 69
Fiesta: 2, 21, 57, 96
Figurín: 49
Filtro: 9

Flauta: 47
Flecha: 40
Flojera: 92, 99, 100
Flor blanca: 50
Flor de tilo: 33
Flor marchita: 94
FLORES: 54
Flores: 6, 93, 100
Foca: 62
Foco que parpadea: 69
Fogón: 4, 49
Fogonero: 35
Fonda: 68
FONOGRAFO: 59
Fortaleza: 47, 70, 98
Fosforera: 11, 99
Fósforo: 11, 29
Foto: 9, 10, 59
Fotografía: 58
Freír: 21, 79
Freno: 81
Fresa: 39
Fríjol: 52, 90
Frío: 2, 7, 70, 71, 90, 96
Fruta extranjera: 93
Fruta: 5, 59, 84, 91, 96

Fuego fatídico: 51
Fuego: 3, 16, 17, 51, 59
Fuente benéfica: 26
Fuente pública: 47
Fuente: 14, 68, 71, 72
Fuerza: 46
Funda: 67
Fusil: 10, 37, 39
Fusilar: 31

G

Galgo: 78
Gallego: 42, 86
Gallina culeca: 100
GALLINA PRIETA: 37
Gallina: 12, 17, 70, 100
GALLINAS: 54
Gallo chico: 99
Gallo criollo: 20
Gallo de pelea: 15
Gallo fino: 14
GALLO: 11
Gallo: 21, 24, 39, 47
Gambao: 48
Gamuza: 29, 52
Ganado: 9, 18, 26
Ganar pleito: 14
Gandinga: 62
Gandul: 52
Ganso: 11
Garaje: 29, 96, 97
Garrapata: 20
Garrote: 88, 98
Gasolina: 35
Gastralgia: 85
Gata parida: 14

Gato amarillo: 18
Gato cimarrón: 4
Gato de Angola: 2
GATO GRANDE: 14, 20
Gato grande: 92
GATO: 4
Gato: 97
Gatos: 78
Gavilán: 33, 38, 67, 68, 85
Gemelos: 7, 98
General: 22, 23, 50, 93
Gente: 38
Gitano: 37
Gladiolo: 26
Gladiolos: 60
Globo: 6, 67, 68
GLOBO: 92
Goleta: 38
Golondrina: 35, 47
Goloso: 64
Golpe de tablón: 34
Golpe en la espalda: 100
Golpe: 25
Goma: 82
Gordo: 21, 65
Granada: 19, 34, 65, 93, 99, 100

Granizo: 19, 24, 42
Granos: 20, 38 Hígado: 5, 27
Grillo: 2 Higo: 21, 66
GRILLO: 97
Gritos: 84
Grosellas: 20
Grúa: 31
GUAGUA: 46
Guagua; 60, 78, 80
Guanajo: 13
Guano: 85
GUARDIA RURAL: 51
Guardia Rural: 57
Guardia: 17, 67
Guayaba: 58
Guayacán: 1
GUERRA CIVIL: 95
Guerra en el mar: 95
Guerra: 8, 54, 92, 93, 98
Guindola: 32
Guineo: 11, 74
Guisante: 18
Guitarra: 31, 74, 84
GUITARRA: 75
Guizazo: 9, 78
Gusano: 14, 38, 88, 93, 100

H

Habichuela: 18, 92, 99
Hacha: 10, 18, 39, 59
Hachazo: 66
Hada: 86
Halcón: 26, 100
Haraganes: 58
Harapiento: 7
Harapo: 46
Harapos: 4
Harina: 38
Heno: 70
Herida: 3, 9, 61, 83, 87
HERMANO: 86
Hermanos: 24, 44
Herrero: 44 Huracán: 95
Hidropesía: 1, 71
Hiedra: 36, 94
Hielo: 32, 92 I
Hiena: 29
Hierro: 67, 82, 83
Hierva: 12
Hija: 42
Hijo postizo: 22
Hijo: 25, 81

Hilo: 17, 35, 47, 57, 76
Hipo: 27
Hipogea: 53
Historia de Cuba: 83
Hogar: 79
Hoguera: 2, 16
Hoja de tabaco: 46
Hoja: 61, 83
Hombre afeminado: 3
Hombre borracho: 30
Hombre chiquito: 2
Hombre con manopla: 68
Hombre enfermo: 13
Hombre galante: 16
Hombre grande: 46
Hombre muy rico: 36
Hombre: 37, 67, 83, 93
Hombres: 46
Homicidio: 84
Hongo: 17, 58, 67
Hora: 94
Horca: 14
Hormiga: 37, 82
Hornilla: 32
Horno: 56
Hospital: 13, 52, 70, 80

Hotel: 25
Hoyo: 100
Hoz: 2, 83
Huerto: 12
Hueso: 88
Huevo: 10, 33
HUEVO: 60
Hule: 17
Humareda: 23, 100
HUMO BLANCO: 46
Humo negro: 76, 98
Humo: 10, 76
Hurón: 46

I

Iglesia: 5, 18, 47, 54, 55, 75
Iguala: 45
Iluminación: 25, 76, 78
Ilusión: 76
Imagen: 17
Impotencia: 31, 39, 67
Improvisar: 3, 87
Inaccesible: 17
Inaugurar: 25
Incendio: 46, 48, 49
Incensó: 49
India: 48
Indígena: 40
Indigestión: 2, 86
Indio: 26, 46, 86, 90
Infantil: 90
Infierno: 14, 64, 89
Influencia: 28
Ingeniero: 72
Ingenio: 27, 81, 91
Inglés: 29
Inodoro: 100
Insensato: 41, 51 L
Insomnio: 11, 19, 29
Instrumento: 64

Intestino: 25, 80
Inundación: 83, 85, 100
Inventario: 99
Invento: 1
Isla de Cuba: 92
Isleño: 55

J

Jabalí: 24, 32, 35
Jabao: 28
Jabón de lavar: 49
Jabón: 12, 24, 43, 48, 74, 76, 98
Lancero: 7
Jaiba: 46
Jamaicano: 96
Jarabe: 2, 90
Jardín: 1, 41
Jarro: 62 Lata: 86, 93
Jaula: 24, 47, 48
Jefe: 9
Jibaro: 28
Jícara: 38
Jicotea: 22, 72, 88
JICOTEA: 6
Jimagua: 11, 100
Jinete; 1, 9, 70
Jorobado: 43
José Martí: 81
Joyas: 25, 55
Jubito (tipo de serpiente chica): 16
Jubo (tipo de serpiente): 41, 64
Judío: 37, 38

Juego de tenis: 91
Juego: 36, 59, 100
Juez: 28, 52, 53, 65, 91
Jugador: 100
Juguete: 14, 52
Juicio: 26, 39, 41, 52, 73
Junta: 43
Jurado: 49
Juramento: 7, 18, 52
Jurar: 21, 62
Jurel: 48
Justicia: 28, 47
Jutia: 19, 29, 45

L

Laberinto: 43
Labio: 81
Labios: 3
Labrador: 52
Labrar: 15, 52
Ladrón: 3, 7, 20, 39, 57, 58
LAGARTIJA: 41
LAGARTO GRANDE: 79
Lagarto: 59
Lagrima: 63
Lamina: 76
Lámpara inflamable: 2
Lámpara: 16, 61, 62, 65, 71
Lancha: 10. 22
Langosta: 30, 55, 59
Lanza: 9
Lápiz: 86, 91, 93
Latazo: 89, 96
Látigo: 3, 54
Latoso: 89
Laurel: 100
Lavar: 82
Leche: 3, 13, 73, 75, 79
Lecho: 12
Lechuga: 46

Lechuza: 6, 37, 74, 88
Leer: 9
Legislador: 18
Legumbre: 39
Lengua: 9, 21, 31, 41, 42
Lenteja: 22, 45
Leña: 9, 12
León: 8, 14, 55, 69, 91, 98
LEON: 82
Leopardo: 10, 82
Ley: 7
Libertad: 93
Librero: 82
Libreta: 52
Libro: 10, 15
Lienzo: 27
Liga: 42, 70
Lijosa: 69
Limón: 3, 18, 76
Limonada: 38
Limosnero: 12, 40, 71, 82
MADRE: 82
Limpia botas: 67, 75
Limpieza: 8
Lindero: 1
Lino: 36

Líos: 83
Lira: 9, 22, 87
Lirio: 20
Listero: 34
Llaga: 2, 100
Llanto: 3, 8, 33, 100
Llanura: 11, 21, 72
Llave: 4, 44, 64
Llavero: 5
Lleva y trae: 46
Llorando: 88
Lluvia con sol: 7
Lluvia: 10, 22, 60, 99
Lobo: 15, 42
Loco: 1, 69, 86, 93, 100
LOCO: 59
Locura: 34, 68
Lodo: 6, 19, 73
Loma: 8, 25, 69, 76, 88, 89, 98, 100
Lombriz grande: 91
LOMBRIZ: 19
Lombriz: 5, 98
Lotería: 89
Lucero: 22
Luces: 59

Luna llena: 76, 79, 80
LUNA: 17
Luna: 3, 6, 39
Luto: 14, 26, 36, 60, 70, 94
Luz de luna: 60
LUZ ELECTRICA: 53
Luz: 16, 23, 80

M

MACAO: 38
Machetazo en la cabeza: 67
Machete: 72
MACHETE: 94
Macho grande: 14, 74
Madera: 7, 19, 24, 83, 88, 98
Madre buena: 24
Madre vieja: 82
Madre: 12, 15, 33, 66, 88
Madrid: 85, 94
Maestra: 37
Maíz: 1, 19, 20, 48, 79, 96, 97, 100
Maja: 10, 19, 100
MAJA: 21
Mal olor: 56
Mala noticia: 47
Mala palabra: 13
Maldad: 44
MALETAS: 73
Malla: 10
Malva: 21, 41
Malvado: 40, 89, 96
Mamar: 37
Mamey amarillo: 57

Mamoncillo: 31
Manantial: 58
Mancha: 21, 80
Manco: 71
Mandarria: 5
Mandarriazo: 39
Mango: 5, 28, 37, 50, 57, 61, 64, 84
Manguera: 86
Maní: 94
Manjúa: 64
Mano: 5, 28, 54, 84
Manta: 20, 23
Manteca: 50, 92
Mantel: 35, 79, 87
Manzana: 72
Mapa: 87, 94
Máquina de coser: 9
Mar: 22, 40, 83
MAR: 5
Maraca: 6
Maracas: 64
Marfil: 35
Maricón: 83
Marihuana: 76
MARINERO: 3

Marinero: 64, 93
Marino: 86
Mariposa de colores: 72, 93
MISA: 93
MARIPOSA GRANDE: 94
Mariposa Grande: 98
MARIPOSA: 2
Mariposa: 30. 76
Marisco: 30, 59
Mármol: 25, 58
Maromero: 64
Martillo: 9, 61, 81
Mártires: 15
Mascara: 66
Masón Muerto: 50
Matadero: 16, 69
Matanza: 95
Matar un alacrán. 2
Matarife: 37
Matraca: 72
Matrimonio: 12, 14
MATRIMONIO: 62
Mayoral: 53
Mazorca: 20
Media: 7, 36, 57
Medicina: 85, 92, 96

MEDICO NUEVO: 26
Médico: 50, 68, 85
MEDICO: 80
Medio: 68
Mejorana; 14, 25, 100
Mordedura: 15, 39
Melado: 93
Mellizo: 11
Melón: 11, 24, 34, 89, 94
Menudo: 10
Mercader: 94
Mercado: 71
Merengue: 32, 56, 92
Mesa de Comedor: 77
Mesa Redonda: 96
Mesa: 4, 19, 21, 37
Micrófono: 6
Miedo: 9, 42, 64
Miel de abeja: 34, 48
Miel: 20, 84
Mierda: 13, 87
Mierda: 57
MIERDA: 7
MILITAR: 74
Millo: 97
Mira cielo: 95, 98

Mirar de frente: 20
Misa: 5
Misión: 53
Mitología: 73, 94
Mocha: 14
Mochila: 86
Mochuelo: 86
Molino: 56
Mona: 89
Monaguillo: 38
Moneda: 10, 78
Monja: 25
MONJA: 5
Mono chico: 16
MONO GRANDE: 97
Mono suelto: 97
Mono vestido: 16
Mono: 18, 26, 37, 39
MONO: 34
Monstruo: 50
Montaña: 12, 59
Monte Cristo: 68
Monte firme: 29
Monte: 4, 23, 32, 69
Montón 38

Montura: 10, 12, 40, 44, 75, 93, 94
Monumento: 76, 79
Morcilla: 93
Mordida de perro: 75
Morfinómano: 61
Morir: 95
Mosaico: 48
Mosca en café: 16
Mosca Verde: 71
Mosca: 24, 25, 45
Mosquito del monte: 94
Mosquito: 96
MOSQUITO: 97
Mostaza: 27
Motocicleta: 37
Moza: 24
Mucha hambre: 44
Muchachito: 12
Muchacho: 12
Muchas monedas antiguas: 11
Nave: 5
Mudada de noche: 73
Mudanza: 18, 23, 28, 55, 67, 74
Mudo: 9, 34, 54
Mueble: 73

Muela: 32
Muelle: 82
Muerte de amigo: 86, 93
Muerto a cabilla: 81
Muerto al nacer: 11
MUERTO GRANDE: 64
Muerto grande: 88
Muerto que habla: 84, 91
Muerto vivo: 3, 78
MUERTO VIVO: 88
Muerto: 4, 14, 18, 21, 23, 28, 33, 51, 65, 68, 83
MUERTO: 8
Mujer buena: 12
Mujer chismosa: 95
Mujer embarazada: 55
Mujer mala: 17
Mujer mentirosa: 28
Mujer preñada: 22, 66
Mujer santa: 96
MUJER SANTA; 12
Mujer tarrua: 68
Mujer: 5, 30, 38
Mujeres: 76
Mulato: 34, 74
MULETA DE SAN LAZARO: 77

Muleta: 15, 25, 74
Mulo: 1, 32, 42, 53
Multa: 11, 69
Muñeca: 13, 15, 54
Muñeco: 33
Murciélago muerto: 99
Murciélago: 19, 25, 60, 90
MURCIELAGO: 55
Muro: 28, 60
Música: 22, 24, 30, 33, 42, 78

N Ñ

Nabo: 63, 65
Nacimiento: 81
Naipe: 35, 100
Naranja: 2, 5, 49, 73
Nariz: 9, 87, 93
Navaja: 73. 80
Navajazo: 73
Navegar: 81
Navío: 23, 42
Necrosis: 18
Negocio: 25, 74
Negra Santa: 23
Negra: 59, 64, 65
Negro grande: 97
Negro: 6, 8, 34, 47, 91
Nerviosidad: 80
New York: 87
Nicho: 8
Nido: 24, 74
Nieto: 56
Nieve: 29, 33, 62, 93
NIÑA LINDA: 15
NIÑO CHIQUITO: 3
Niño de playa: 11
NIÑO GRANDE: 13

Niño grande: 73
Niño malo: 30, 40, 73
Niño perdido: 99
Niño: 7, 12, 86, 97
Nivel: 93
Noche buena: 24
Noche oscura: 60
Noche: 12, 30, 74
Notario: 52
Novia: 35
Novio: 34
Novios descarados: 22
Nube: 17, 29, 33, 62, 82, 83
Nudo: 21, 32
Nueve de Basto: 94
Nueve de Copa: 92
Nueve de Espada: 93
Nueve de Oro: 91
Nuez: 1, 15, 66, 87
Número cantado: 7
Número: 11, 36, 71
Ñame: 20, 70

O

Obelisco: 1, 2, 45
Obispo: 1, 45
OBISPO: 78
Ocho de Basto: 84
Ocho de Copa: 82
Ocho de Espada: 83
Ocho de Oro: 81
Odio: 22, 36, 91, 99, 100
Odontología: 67
Oficina: 12
Ofrenda: 67
Ojos: 3, 4, 9, 11, 25, 36, 66, 68, 82, 100
Ola de frío: 89
Olivo: 9, 52
Olla: 15, 54
Olor: 35, 51
Ombligo: 7, 78
Operación: 24, 36, 59
Opio: 36
Oreja: 12, 15, 27, 54
Organazo golpe con órgano (musical): 58
Órgano: 19, 64

Orinal; 20
Orinar: 73
Oro: 21, 25, 42
Ortiga: 71
Osamenta: 35, 45
Oscuridad: 55
Oso: 9, 82, 83
Oveja: 70

P

Padre: 9, 55, 91
Padrino: 62
PAIS LEJANO: 42
País Lejano: 81, 94
País: 40
Pájaro chiquito: 2, 27, 36, 96
Patines: 87
Pájaro negro: 60, 90
PAJARO: 47
Pájaro: 67
Palangana: 16, 90, 97
Palizada: 65
Palma Real: 18, 90
Palma: 24, 36, 86, 93
Palmira: 87
Palo: 8, 31, 77, 81
Paloma chica: 87
PALOMA: 24
Paloma: 5, 15, 34, 54, 74, 86
Palpitaciones en el corazón: 62
Pan: 9, 33, 60, 87, 100
Panadero: 64
Pánico: 8, 83

Pantalón: 22, 80
Pantano: 19
Panteón: 8
Pantera: 71
Pañuelo bordado: 4
Pañuelo: 4, 18
Papa: 24, 78
Papalote: 40, 76
PAPALOTE: 74
Paradero: 34, 64, 100
Paraguas: 57, 71, 80, 96, 98
Paraje: 98
Pararrayo: 77
Parásito: 9
Pared: 81
PAREJA DE YEGUA: 66
Pargo: 82
Párpado: 6
Parque infantil: 90
Parque: 58, 78, 90, 97
PARQUE: 73
Parral: 34
Parto: 34, 37, 48
Pasear: 47
Paseo por el campo: 99
Paseo: 10, 29

Pasionista: 43
Pasta blanca: 38
Pastel: 89
Pastilla: 20
Pastor: 90
Pata de perro: 3
Patilludo: 55
Pato chico: 91
Pato grande: 56, 92
Pato macho: 37
Pato pequeño: 41
PATO: 42
Pato: 9, 37. 71
PAVO REAL: 13
Pavo Real: 69, 73
Pavo: 32, 56, 59, 77, 81
Payaso: 6
PAYASO: 60
Pazco: 63
Pecado: 36
Pecho: 34, 56, 59
Pedazo de muela: 79
Pedir la mano: 28
Peinado: 3, 71
Peine: 3, 71
Peineta rota: 1

Pelado: 5
Peligro: 26, 83
Pelo largo: 86
Pelo: 71, 95
Pelota: 39, 67, 69
Pelotero chino: 23
Peluca: 13, 67, 77
Peluquera: 85
Peluquero: 69
Pena: 75, 88
Pene chiquito: 82
Pene: 1, 7, 30
Pensamiento: 1
Pepilla: 22
Pepino: 15 Pino: 69
Percha: 44, 49, 84 Pintar: 11
Perchero: 49 Pintor: 41, 61
Perdida: 81 Pintura: 27
Perdiz: 24 Piña de ratón: 58
Peregrino: 2, 64
Perfume: 1, 91, 94, 98
Perico: 69
Periódico: 5, 57, 65, 96
Perla: 25, 88
PERRO CHIQUITO: 15
Perro con rabia: 75

PERRO GRANDE: 95
Perro jíbaro: 25
Perro lanudo: 95
PERRO MEDIANO: 75
Perro negro: 69, 70
Perro policía: 37
Perro: 13, 19, 71, 85
Pescado chiquito: 1
PESCADO CHIQUITO: 18
PESCADO GRANDE: 10
Pescado grande: 24, 53
Pescados: 59
Pescar: 10, 47
Peses: 36
Peste: 26, 42
Pestillo: 20
Pez grande: 55
Pez: 26
Piano: 3
PIANO: 98
Pica pica: 9, 10
Pica pleito: 40
Picada de bibijagua: 74
Picada: 43
Picazón de nariz: 79
Pichón: 24, 51

Pie: 23, 40, 80
PIEDRA FINA: 25
Piedra fina: 37
Piedra grande: 65
Piedra: 1, 56, 61
Pierna: 34
Pila: 73
Piloto: 28, 77
Pimienta: 38, 69
Pinchazo: 74
Piña: 73, 74, 83, 88
Piojo: 34, 35, 38, 42, 99
Piojos: 59, 88
Pipa: 42, 44
Pirámide: 62
Pitirre: 11, 12
Pito de auxilio: 1
Plancha: 16, 44
Planeta: 100
Planta seca: 21, 41
Plata: 2, 83, 89
Plátano: 11
PLATANO: 87
Platillo: 82
Plato: 50, 81
Playa: 71

Plaza del mercado: 71
Pleito de perros y gatos: 78
Pleito en cine: 82
Pleito en velorio: 88
Pleito: 7, 12, 75, 78
PLEITO: 82
Plomero: 100
Plomo: 53
Pluma: 32, 73
Pobre: 14
Pobreza: 14
Poesía antigua: 85
Poesía: 92
Poeta muerto: 57
Polaina: 2
Policía: 20, 37, 68, 92, 100
POLICIA: 50
Político: 28, 45
Polizonte: 65
Pollo chico: 10, 25
Pollo mediano: 24
Pollo: 3, 56
Polvo: 7, 51
Poma rosa: 54
Pomada de rosa: 54
Pordiosera: 93

Pordiosero: 100
Pose: 14
Poste: 14
Postre: 70
Potrillo (caballito pequeño): 43
Pozo grande: 55
Pozo: 68, 79
POZO: 69
Precipicio: 26, 40, 45
Predicador: 57
Premio: 38
Prenda: 53, 58
Presidente: 1, 58, 78, 79, 93, 100
Ranas: 76
Presidio: 47, 57
Presilla: 45, 51
Preso: 22, 37, 41, 47, 65
Rascacielos: 10
Prima: 43
Primate: 42
Primo: 32
Príncipe: 1
Prisión: 41, 43
Procesión: 83
Profecía: 35
Profeta: 41

Prostituta: 16, 21, 31, 96
Puente: 12, 71, 73
Puerco chino: 34
Puerco chiquito: 23, 62
PUERCO GORDO: 92
PUERCO MEDIANO: 32
Puerco: 7, 39, 47, 49, 58, 79
Rejuvenecer: 41
Puerta: 2, 43, 57, 65, 87
Pulga: 15
Pulgar: 38
Pulmón: 31, 72
Puñal: 14, 40
PUÑALADA: 67
Purgante: 71

Q

Quejido a media noche: 66
Quemado: 2
Quemadura: 2
Quemar: 2, 79
Quemazón: 10
Querella: 36, 100
Queso: 16, 49, 98
Quimbombó: 4
Quiosco: 75
Quiromántica: 73

R

Rabo: 92
Radio grabadora: 23
Radio: 23, 43, 53, 66, 84, 99
Ráfaga: 15
Ramera: 12
Ramillete: 83
Rana toro: 22
Rana: 3, 57, 71, 75
Rapto: 5, 57
Raquitismo: 51
RATON: 29
Ratón: 48
Rayo: 34, 39
Rayos X: 96
Raza; 71
Reaparición: 2
Receta: 6
Recluta: 21
Regalo pequeño: 57, 97
Regalo: 5, 14, 24, 30, 50, 58
Regimiento: 62
REINA: 56
Reina: 74, 83

Reja: 31, 35, 55
Relajo chico: 13
Relajo chiquito: 6
RELAJO CHIQUITO: 64
Relajo grande: 67
Relajo: 30
Relámpago: 10, 67
Reloj de pared: 85, 90
Reloj de pulsera: 55
Reloj despertador: 85
Reloj: 21, 58, 66, 81, 85
Remos: 23 S
Rencor: 34. 100
Repetición de número: 57
Repite: 72
Reptil: 13, 38, 39
Resbaloso: 26
Rescabuchador: 21
Restaurante: 67
Retrato: 24
RETRATO: 58
Reverbero: 6, 28
Revista: 81
Revolución: 63
REVOLUCION: 93
Revolver: 7, 45, 60, 61

Rey: 12, 27, 56, 78
Riachuelo: 71, 80
Rico: 1
Ricote: 43
Rifle: 64
Rincón: 17, 77, 84, 90
Riña: 14, 77, 83
Riñón: 11
Riñones: 52, 84
Río chiquito: 7, 81
Río grande: 88, 95
Río sucio: 69, 72
Río: 3
RIO: 71
Riqueza: 49, 99
Risa: 13, 64
Rival: 24, 63
Roble: 33, 99
Robo: 20, 41, 55, 91
Rodilla: 38
Roma: 72
Romero: 27
Ron: 40, 60, 88
Ropa nueva: 12
Ropa vieja: 16, 31
Rosa amarilla: 3

Rosa: 8, 71, 94
Rosario: 4, 40, 48
Rosas en el suelo: 97
Ruido misterioso: 56
Ruina: 29
Ruines: 74
Ruiseñor: 21, 47
Rumba: 75

S

Sabana: 56
Sabanero: 74
Sabio: 59
Sacerdote: 84
Saco: 61, 70
Sacristán: 69, 78
Sagua la Grande: 48
Sal: 11, 22, 60, 80, 91, 98
Sala: 7, 73
Salaciones: 27
Salmón: 10
Saltar: 47
Salto: 31
Salvia: 27
SAN LAZARO: 17
San Lázaro: 57, 90, 97
Sangre propia: 40, 47
SANGRE: 40, 84
Sangre: 52, 63, 64
Sanguijuela: 82
Santa Bárbara: 4, 12, 62
Santa: 36
Santero: 47, 100

Santo: 9, 10, 16, 33, 100
Sapito: 28
SAPO: 22
Sapo: 5, 12, 34, 75
Sarcófago: 45, 76
SARCOFAGO: 78
Sardina: 9, 42, 44, 52, 68
Sartén: 14, 47
Sastre: 36, 83, 84, 91
Sátira: 47
Seca grande 44
Seca: 21
Sed: 25, 51
Seis de Basto: 64
Seis de Copa: 62
Seis de Espada: 63
Seis de Oro: 61
Sello: 55 Sorteo: 91
Selva africana: 26
Semilla: 10, 18, 80, 83
Senado: 44
Seno: 13, 34
Sentarse y caerse: 7
Seña: 66, 79
Señora: 51, 66, 79

Señorita: 15, 48, 68
Subterráneo: 41
Sepultura: 4, 8, 35, 54, 68
Suciedad: 7
Serenata: 7
Sereno: 18, 51, 68,
Serpiente: 39, 74
Serrucho: 71, 72, 79
SERRUCHO: 99
Seso: 12, 61
Sexo de Mujer Chico: 28
Sexo de Mujer GRANDE: 98
Sexo de Mujer Pelado: 30, 69
Sexo de Mujer: 45
Sexual: 67
Siete de Basto: 74
Siete de Copa: 72
Siete de Espada: 73
Siete de Oro: 71
Sijú: 8, 64
Silla: 38
Sillón: 36, 75
Simulacro de bombero: 29, 84
Tarro: 3, 6, 16, 44, 63
Simulador: 91
Sinsonte: 96

Sirena: 1, 18, 29, 61
Sobre: 73, 74, 97
Soga: 20, 56, 78
Sol amarillo: 59
Sol brillante: 21
Sol débil: 1 Teja: 62
Sol frío: 91
Sol fuerte: 25
SOL OSCURO: 60
Sol: 22, 61, 90
Soldado: 1, 4, 77, 80
SOLDADO: 51
Soldador: 59
Soldadura: 59
Soledad: 8, 80
Solución: 34
Sombra: 14, 84
Sombrero: 11, 56, 61, 64, 71, 79, 93
Sombrilla: 35, 48, 57, 76, 80, 86, 93
Sonámbulo: 6
Soñar con la edad: 20
Sopa: 34
Soquete: 63, 65
Sortija regalada: 58

Sortija: 14, 59, 76, 100
SORTIJA: 93
Sota de Oro: 50
Súbete: 37
Submarino hundido: 8
Submarino: 5, 23, 55, 95
Sucio: 54
Sueco: 35, 54, 100
Sueño: 7, 30, 32, 87, 94
Suerte: 5, 40
Suicidio: 42, 92
Surco: 65, 75
Susto: 10

T

Taburete: 4
Taller: 11
Tambor: 28, 80, 84
Tapa: 75
Tarima: 74
TARRO: 66
Tartamudo: 89
Taza: 3
Té: 19, 60
Teatro: 20, 36, 76
TEATRO: 81
Techo: 65
Teléfono roto: 80
Teléfono: 70, 72, 81
Telegrama a media noche: 87
TELEGRAMA: 57
Telegrama: 70, 94
Televisor: 45
Temblor: 44
Tempestad: 70, 75
Templo: 66, 67
Temporal: 44, 99
Tenedor: 11, 15, 71

Termómetro: 80
Ternero muerto: 98
Terraza: 30, 85
Terremoto: 93
Terreno malo: 20
Terreno: 89, 96
Terror: 20
Tesorero: 51
Tesoro: 49, 89, 96
Testamento: 33, 88
TIBOR O JÍCARA: 20
Tiburón: 20
TIBURON: 45
Tienda: 26, 36, 40, 78, 86
Tierra; 5, 19, 50, 57, 86, 88, 95, 99
Tigre enjaulado: 78
Tigre: 12, 14, 28
Tijera: 76
Tijeras: 12, 14, 53, 78
Timbalero: 30
Timbrazo: 57
Timbre: 15
Timón: 48
Tinajero: 31
Tinieblas: 17

TIÑOSA: 33
Tío: 24, 41
Tipógrafo: 7
Tirabuzón: 30
Tirante: 89
Tiro: 60, 70
TIRO: 64
Títere: 1, 49
Títeres: 21
Titiritero: 65
Toalla: 12, 13
Tocador: 53
Tojosa (ave): 16, 87
Tonelada: 49
Torear: 52
Torero: 89
Tormenta: 44
Toro bravo: 82
Toro grande: 52
Toro rojo: 30
TORO: 16
Toro: 27, 52, 82, 95
Toronjil: 21
Tortillera: 48, 82
Tórtola: 24 V
Tortuga: 10, 72

Tos: 34, 40
Totí: 63
Trabajo: 25, 36
Tragedia con muerto: 52
Tragedia: 33, 53
TRAGEDIA: 83
Traición: 14, 66, 91, 98
Traje: 45, 52, 84
Trampa: 80
Tranvía: 45
TRANVIA: 91
Trapecio: 58
Tren de carga: 78
TREN DE CARGA: 79
Tren: 12, 73
Tres de Basto: 34
Tres de Copa: 32
Tres de Espada: 33
Tres de Oro: 31
Tribunal: 25, 45
Trigo: 97
Trinchar: 57
Trinchera: 77
Tristeza: 52
Trompo: 27
Tronco: 71, 72

Tropas: 19
Tropezar: 6
Trueno: 51, 65
Tumba 8, 42
Tumulto: 42
Túnel: 45
Tutifruti :(todo bueno y rico): 65

U

Ulcera: 32
Ultraje: 23
Un beso: 98
Una mano descompuesta: 96
Uniforme: 33, 50
Universo: 5
Uñas: 4, 20, 74, 76
Urgente: 21, 76
Urna: 5, 40
Utilidad: 38
Uvas: 88

V

Vaca blanca: 43
Vaca flaca: 61
Vaca grande: 89
Vaca: 9, 16
Vacuna: 6
Vagos: 69
Valiente: 24
Vanidad: 18, 87
VAPOR: 23
Vapor: 84
Varadero: 69
Varilla de paraguas: 91
Varilla: 72, 98
Vaso: 36, 39, 49, 64, 88, 89
Vecino: 71, 80
Vela de muerto: 27
Vela: 4, 12 Volar: 27, 65
Velada: 28, 89
Velas: 55
Veleta: 26, 75
Vello: 67
Velo: 5, 82 Y
Velorio: 34, 88, 93, 94, 100

Vena: 16, 37
Venado: 25
VENADO: 31
Vencedor: 5
Veneno: 88
Venganza: 14, 34
Venta: 7 Yugo: 64
Ventana: 7, 9, 65
Verano: 6
Verdolaga: 19, 62
Verdugo: 32, 76, 100 Z
Verduguillo: 88, 99
Vestido: 16, 25, 31, 76
Viaje a caballo: 96
Viaje a la luna: 86, 93
Viaje por mar: 87, 94
Viaje: 3, 12, 14, 54, 73
Vianda: 66
Vicio: 19
Victoria: 16, 51
Vieja mala: 81
Vieja: 12, 15, 89, 93
Viejo con bastón: 91, 98
Viejo fino: 3
Viejo grande: 88
Viejo: 87

VIEJO: 90
Viento: 22, 60, 74, 75, 86, 90, 99
Vientre: 32, 45
Vinagre: 18, 49
Vino: 19, 23, 44, 100
Viña: 24, 100
Violencia: 32, 80
Violeta: 11, 90
Violín: 34, 74, 76
Virgen de la Caridad: 8, 12, 23, 25, 33, 37, 50
Visera 100
Visión: 62, 71
Visita: 8, 15, 32, 48, 92, 98
Vitaphone: 93
Viudedad: 8, 81
Volante: 89, 96
Vomito: 13, 30, 33, 86
Voraz: 97
Vuelo: 10

Y

Yarey: 71
Yate: 49, 78
Yegua negra: 79
Yegua: 4, 6, 40, 46
Yuca: 47, 56
YUCA: 96
Yunque: 25, 73
Yunta: 66

Z

Zacatecas: 55, 65
Zambo: 8
Zanahoria: 13
Zanja: 13, 56, 90, 96
Zapatero viejo: 6, 44, 52, 96
Zapatero: 35, 39
Zapato nuevo: 52
Zapato: 4, 16, 23, 26, 41, 46, 52, 67, 78, 96
ZAPATO: 96
Zapatos rotos: 67
Zapatos: 31, 44
Zarzal: 7, 85
Zodiaco: 10, 97
Zorra: 5, 17, 50, 89, 98
Zumbido: 91

ANEXO I
NÚMEROS FAMILIARES.

Nro.	NÚMEROS FAMILIARES
01	23 45 89 67 10 09 14 06
02	24 46 80 68 20 19 24 07
03	25 47 81 69 30 29 34 08
04	26 48 82 60 40 39 44 09
05	27 49 83 61 50 49 54 10
06	28 40 84 62 60 59 64 11
07	29 01 85 63 70 69 74 12
08	20 42 86 64 80 79 84 13
09	21 43 87 65 90 89 94 14
10	32 54 98 76 01 00 05 15
11	33 55 99 77 10 09 14 16
12	24 46 90 78 21 20 25 17
13	35 57 91 79 31 30 18
14	36 58 92 70 41 40 45 19
15	37 59 93 71 51 50 55 20
16	38 50 94 72 61 60 65 21
17	39 51 97 75 71 70 75 22
18	30 42 96 74 81 80 85 23
19	31 53 97 75 91 90 95 24
20	42 64 08 86 02 01 06 25
21	43 65 09 87 12 11 16 26
22	44 66 00 88 21 26 17 27
23	45 67 01 89 32 31 36 28
24	46 68 02 80 42 41 46 29

25	47 69 03 81 52 51 56 30
26	48 60 04 82 62 61 66 31
27	49 61 05 83 72 71 76 32
28	40 62 06 84 82 81 86 33
29	41 63 07 85 92 91 96 34
30	52 74 18 96 03 02 07 35
31	53 75 19 97 13 12 17 36
32	54 76 10 98 23 22 27 37
33	55 77 11 99 32 37 28 38
34	56 78 12 90 43 42 47 39
35	57 79 13 91 53 52 57 40
36	58 70 14 92 63 62 67 41
37	59 71 15 93 73 72 77 42
38	50 62 16 94 83 82 87 43
39	51 73 17 95 93 92 97 44
40	62 84 28 06 04 03 08 45
41	63 85 29 07 14 13 18 46
42	64 86 20 08 24 23 28 47
43	65 87 21 09 34 33 38 48
44	66 88 22 00 43 48 39 49
45	67 89 23 01 54 53 58 50
46	68 80 24 02 64 63 68 51
47	69 81 25 03 74 73 78 52
48	60 82 26 04 84 83 88 53
49	61 83 27 05 94 93 98 54
50	72 94 38 16 05 04 09 55
51	73 95 39 17 15 14 19 56
52	74 96 30 18 25 24 29 57
53	75 97 31 19 35 34 39 58
54	76 98 32 10 45 44 49 59

55	77 99 33 11 54 59 50 60
56	78 90 34 12 65 64 69 61
57	79 91 35 13 75 74 79 62
58	70 82 36 14 85 84 89 63
59	71 93 37 15 95 94 99 64
60	82 04 48 26 06 05 10 65
61	83 05 49 27 16 15 19 66
62	84 06 40 28 26 25 30 67
63	85 07 41 29 36 35 40 68
64	86 08 42 20 46 45 50 69
65	87 09 43 21 56 55 60 70
66	88 00 44 22 65 70 61 71
67	89 01 45 23 76 75 80 72
68	80 02 46 24 86 85 90 73
69	81 03 47 25 96 95 00 74
70	92 14 58 36 07 06 11 75
71	93 15 59 37 17 16 21 76
72	94 16 50 38 27 26 31 77
73	95 17 51 39 37 36 41 78
74	96 18 52 30 47 46 51 79
75	97 19 53 31 57 56 61 80
76	98 10 54 32 67 66 71 81
77	99 11 55 33 76 81 72 82
78	90 12 56 34 87 86 91 83
79	91 13 57 35 97 96 01 84
80	02 24 68 46 08 07 12 85
81	03 25 69 47 18 17 22 86
82	04 26 60 48 28 27 32 87
83	05 27 61 49 38 37 42 88
84	06 28 62 40 48 47 52 89

85	07 29 63 41 58 59 62 90
86	08 20 64 42 68 67 72 91
87	09 21 65 43 78 77 82 92
88	00 22 66 44 87 92 83 93
89	01 23 67 45 98 97 02 94
90	12 34 78 56 09 08 03 95
91	13 35 79 57 19 18 23 96
92	14 36 70 58 29 28 33 97
93	15 37 71 59 39 38 43 98
94	16 38 72 50 49 48 53 99
95	17 39 73 51 59 58 63 00
96	18 30 74 52 69 68 73 01
97	19 31 75 53 79 78 83 02
98	10 32 76 54 89 88 93 03
99	11 33 77 55 98 03 94 04
00	22 44 88 66 99 04 95 05

MUCHÍSIMA SUERTE

www.ingramcontent.com/pod-product-compliance
Lightning Source LLC
Chambersburg PA
CBHW020638220526
45464CB00001B/204